In English and Spanish

EveryDay Matters

Activities for You and Your Child

Developed by Washburn Child Guidance Center
under a grant from
the United Way of Minneapolis Area's
Success By 6® community initiative

American Guidance Service, Inc.
Circle Pines, Minnesota 55014-1796

AFTERSCHOOL EARLY
EDUCATION PROGRAM
Special Education, District F
12

©1997 AGS® American Guidance Service, Inc., Circle Pines, MN 55014-1796. All rights reserved, including translation. No part of this publication may be reproduced or transmitted in any form or by any means without written permission from the publisher.

Printed in the United States of America

ISBN 0-7854-1238-7

Product Number 4140

A 0 9 8 7 6 5 4 3

CONTENTS

DISCIPLINE 1
I help my child learn self-control.

You can use words	3
I don't like it when you . . .	5
Making choices	7
"Do" works better than "don't"	9
Power struggles	11
Touch	13
Allow for feelings	15
Cooperation: Working with others	17
Setting limits	19
Catch him/her being good	21

SELF-ESTEEM 23
I help my child learn to feel good about himself/herself.

You can help . . .	25
What a good idea!	27
I can do it!	29
I am the greatest!	31
Life-size picture	33
I remember when . . .	35
I like it when you . . .	37
A spot of your own	39
There's just one you!	41
Active listening	43

LANGUAGE DEVELOPMENT 45
I help my child learn to listen and talk well.

Singing songs	47
Pretending	49
Talk about groups of things	51
Talk about the way we feel	53
Using words	55
Play telephone	57
Talk about what we see	59
Talk about what comes first	61
Talk about where things are	63
Learning to like books	65

INDICE

DISCIPLINA 2
Le ayudo a mi bebé aprender dominio de sí mismo.

Puede usar palabras	4
No me gusta cuando . . .	6
Escogiendo opciones	8
"Haz" funciona mejor que "no hagas"	10
Luchas por dominio	12
Tacto	14
Tenga en cuenta los sentimientos	16
Cooperación: Trabajando con otros	18
Estableciendo límites	20
Sorpréndalo comportándose bien	22

AMOR PROPIO 24
Le ayudo a mi bebé aprender a sentirse bien con sí mismo.

Puede ayudar . . .	26
¡Qué buena idea!	28
¡Yo lo puedo hacer!	30
¡Soy el mejor!	32
Dibujo de tamaño natural	34
Recuerdo cuando . . .	36
Me gusta cuando tú . . .	38
Un lugar especial	40
¡Tú eres único!	42
Escuchando activamente	44

DESARROLLO DE LENGUA 46
Le ayudo a mi niño aprender a escuchar y hablar bien.

Cantar canciones	48
Juegue con disfraces	50
Hable de grupos de cosas	52
Hablando de como nos sentimos	54
Usando palabras	56
Jugando con el teléfono	58
Hablando de lo que vemos	60
Hable de lo que viene primero	62
Hable de donde están las cosas	64
Aprendiendo a disfrutar los libros	66

COORDINATION DEVELOPMENT 67
I help my child learn to use his/her body well.

Falling down	69
Towers	71
Coloring	73
Stringing	75
Cutting with scissors	77
Play-Doh	79
Grab bag	81
Pouring	83
Matching	85
Dressing/Undressing	87

INFANT CARE 89
I help my baby learn to grow in many ways.

Touching	91
Talking	93
Pots and pans	95
Water play	97
Mirrors	99
Moving about	101
Learning to learn	103
Watching	105
Childproofing	107
Hide and seek	109

DESARROLLO DE COORDINACIÓN 68
Le ayudo bebé aprender a usar su cuerpo bien.

Calléndose	70
Torres	72
Coloreando	74
Enhilando	76
Recortando con tijeras	78
Play-Doh	80
Bolsa de cosas misceláneas	82
Virtiendo	84
Igualando	86
Vistiendo/Desvistiendo	88

CUIDADO DE INFANTE 90
Le ayudo a mi bebé a aprender a crecer en muchas maneras.

Tocando	92
Hablando	94
Ollas y sartenes	96
Jugando con el agua	98
Espejos	100
Moviéndose de acá para allá	102
Aprendiendo como aprender	104
Observando	106
A prueba de niños	108
Escondidas	110

DISCIPLINE
EveryDay Matters

I help my child learn self-control.
Today I help my child use words to express feelings.

One way to use these activity sheets is to stick one up on your refrigerator door.

Your child is growing in many ways every day.

Every child needs practice learning self-control. Children need practice making choices, working with others, learning what to do and what not to do.
That's discipline.

These activities are to help you help your child learn these things.

SET POSITIVE LIMITS

Try telling your child what to do rather than what not to do.

In some activities, it may be important to set limits (or rules).
Example:

"The food stays on the table."

"Please put your toys on the shelf."

"I like it when you use an indoor voice."

Children and adults often respond better to **do** than to **don't**.
Try it. See how it works for you.

PRAISE YOUR CHILD

Growing up is hard work. It is important to remember to praise your child for the efforts he/she is making.

At the end of each activity, tell your child something good.
Examples:

"I like the way you use words to tell me your feelings."

"I like it when you help me."

"Wow, what a great job you did feeding yourself."

And remember to praise yourself. You are working hard at this, too!

This sheet is part of a series on
DISCIPLINE
developed by Washburn Child Guidance Center under a grant from the United Way of Minneapolis Area's Success By 6® community initiative.
EveryDay Matters ©1997 AGS® American Guidance Service, Inc.
Permission is granted to reproduce this activity.

DISCIPLINA
Asuntos cotidianos

Le ayudo a mi bebé a aprender dominio de sí mismo.

Hoy le ayudo a mi niño a usar palabras para expresar sus sentimientos.

Una forma de utilizar estas hojas de actividades es pegarlas en la puerta de su refrigerador.

Su bebé crece en muchas maneras cada día.

Todo niño necesita ejercicio para aprender dominio de sí mismo. Los niños necesitan ejercicio para escoger opciones, trabajar con otros, aprende r lo que deben hacer y no deben hacer. Eso es la disciplina.

Estas actividades le ayudarán a usted a ayudar a su niño a aprender estas cosas.

ESTABLEZCA LÍMITES POSITIVOS

Trate de decirle a su niño lo que debe hacer en vez de lo que no debe hacer.

Puede ser importante en algunas actividades establecer límites (o reglas). Ejemplo:

"La comida se queda en la mesa."

"Por favor pon tus juguetes sobre la repisa."

"Me gusta cuando hablas en voz baja."

Los niños así como los adultos muchas veces responden mejor a **haz** que a **no hagas**. Haga la prueba. Verá como funciona para usted.

ALABE A SU NIÑO

Es difícil desarrollar. Es importante recordar que debe alabar a su niño por los esfuerzos que hace.

Dígale algo bueno después de cada actividad. Ejemplos:

"Me gusta que usas palabras para decirme como te sientes."

"Me agrada cuando me ayudas."

"¡Excelente!" "¡Qué buen trabajo hiciste en comer solo!"

Y recuerde darse alabanzas. ¡Usted está esforzándose en esto también!

Esta hoja forma parte de una serie sobre
DISCIPLINA
desarrollada por Washburn Child Guidance Center, mediante una donación de la iniciativa de la comunidad, Success by 6,® del United Way of Minneapolis Area.
Asuntos cotidianos ©1997 AGS® American Guidance Service, Inc. Circle Pines, MN 55014-1796
Se permite reproducir esta actividad.

DISCIPLINE

HERE'S AN ACTIVITY TO DO WITH YOUR CHILD

You can use words

1. Help your child learn words to tell his/her feelings.

"Looks like you are very angry."

2. Reward your child when he/she uses words.

"I like it when you ask. Let's play a game."

3. Use words to tell your own feelings.

"I am so angry!"

WHY IS THIS IMPORTANT FOR MY CHILD?

- Helps child understand how he/she feels.
- Helps child know it's OK to have feelings.
- Helps parent and child understand each other better.
- Helps child get ready for school.

WHAT ARE SOME OTHER ACTIVITIES LIKE THIS?

- Use same three steps to help child learn words with other kinds of behavior.
- Share feelings in other ways such as:
    - pretending
    - playing dress-up
    - looking at pictures and talking about people's feelings
    - making faces on paper plates to show different feelings
    - looking at people and guessing how they feel
- Watch your child and tell him/her what feeling is on his/her face.
- For an older child, ask:
    "How are you feeling?"
    "What do you think about . . . ?"
    "Do you like . . . ?"
- When a child is fighting, give him/her words to say:
    "You can say . . . "

This sheet is part of a series on
DISCIPLINE
developed by Washburn Child Guidance Center under a grant from the United Way of Minneapolis Area's Success By 6® community initiative.
EveryDay Matters ©1997 AGS® American Guidance Service, Inc.
Permission is granted to reproduce this activity.

DISCIPLINA

AQUÍ HAY UNA ACTIVIDAD QUE PUEDE HACER CON SU NIÑO

Puede usar palabras

1

Ayude a su niño a aprender palabras para expresar sus sentimientos.

2

Alabe a su niño cuando usa palabras.

3

Use palabras usted mismo para hablar de cómo se siente.

"¡Estoy muy enojada!"

¿POR QUÉ ES IMPORTANTE PARA MI NIÑO?

- Ayuda al niño a entender como se siente.
- Ayuda al niño a saber que está bien tener sentimientos.
- Ayuda al padre y al niño a entender mejor uno al otro.
- Ayuda al niño a prepararse para entrar en la escuela.

¿QUÉ OTRAS ACTIVIDADES HAY SEMEJANTES A ÉSTA?

- Utilice los mismos tres pasos para ayudar a su niño a aprender palabras con otras formas de conducta.
- Otras maneras de compartir los sentimientos:
    - usando la imaginación
    - jugando a disfraces
    - viendo fotos y hablando de los sentimientos de las personas
    - dibujando caras representando diferentes sentimientos sobre platos de cartón
    - mirando a la gente y adivinando cómo se sienten
- Observe a su niño y dígale qué sentimiento se le ve en la cara.
- A un niño más grande, pregúntele:
    "¿Cómo te sientes?"
    "¿Qué piensas de . . . ?"
    "¿Te gusta . . . ?"
- Cuando está peleando el niño, déle palabras que puede usar.
    "Puedes decir . . . "

Esta hoja forma parte de una serie sobre
DISCIPLINA
desarrollada por Washburn Child Guidance Center, mediante una donación de la iniciativa de la comunidad, Success by 6,® del United Way of Minneapolis Area.

Asuntos cotidianos ©1997 AGS® American Guidance Service, Inc. Circle Pines, MN 55014-1796

Se permite reproducir esta actividad.

DISCIPLINE

HERE'S AN ACTIVITY TO DO WITH YOUR CHILD

I don't like it when you . . .

1

Correct the action.
"I don't like hitting."  NOT *"I don't like you."*

2

Suggest a way to act.
"You could tell me when Tai takes your toy."

3

"Tai, I'm still using this!"

Praise positive acts.
"You used words this time. I like that!"

WHY IS THIS IMPORTANT FOR MY CHILD?

- Helps child feel good about self.
- Helps child understand how parent feels.
- Helps child find more ways to please parent.
- Helps child learn difference between self and his/her actions.
- Helps parent and child understand each other better.

WHAT ARE SOME OTHER ACTIVITIES LIKE THIS?

- Take time to talk to your child about what you like and don't like:
    - in general
    - in other people
    - on TV
    - from reading (newspaper)

  "I'm really afraid when I see . . ."
  "If you did that, I would feel . . ."

- Tell your child how you feel about what other people do.
- Talk about your feelings—what makes you feel good or angry.
- When a child is using words well with another child, help him/her get needs met so he/she learns that words work.

This sheet is part of a series on
DISCIPLINE
developed by Washburn Child Guidance Center under a grant from the United Way of Minneapolis Area's Success By 6® community initiative.
EveryDay Matters ©1997 AGS® American Guidance Service, Inc.
Permission is granted to reproduce this activity.

DISCIPLINA

AQUÍ HAY UNA ACTIVIDAD QUE PUEDE HACER CON SU NIÑO

No me gusta cuando . . .

1

Corrija la acción.
"No me gusta cuando golpeas."

NO "No me gustas."

2

Sugiera una manera de conducirse.
"Puedes decirme cuando Tai te quita tu juguete."

3

Tai, todavía lo estoy usando.

Alabe la conducta positiva.
"Esta vez usaste palabras. ¡Eso sí me gusta!"

¿POR QUÉ ES IMPORTANTE PARA MI NIÑO?

- Ayuda al niño a sentirse bien con sí mismo.
- Ayuda al niño a entender cómo se sienten sus padres.
- Ayuda al niño a encontrar diferentes maneras de agradar a su padres.
- Ayuda al niño a aprender la diferencia entre él y sus acciones.
- Ayuda al niño y sus padres a entenderse mejor entre ellos.

¿QUÉ OTRAS ACTIVIDADES HAY SEMEJANTES A ÉSTA?

Haga tiempo para hablar con su niño sobre lo que le gusta y no le gusta a usted:

- en general
- en otra gente
- en la televisión
- de lo que lee (periódicos)

"Me da mucho miedo cuando veo . . ."
"Si tú lo harías, me sentiría . . ."

- Hable con su niño de como se siente usted de la conducta de otros.
- Hable de sus sentimientos. ¿Qué le hace sentir bien, o enojado?
- Cuando su niño está usando palabras bien con otro niño, ayúdele a conseguir lo que desea para que vea que sus palabras sí dan resultados.

Esta hoja forma parte de una serie sobre
DISCIPLINA
desarrollada por Washburn Child Guidance Center, mediante una donación de la iniciativa de la comunidad, Success by 6,® del United Way of Minneapolis Area.

Asuntos cotidianos ©1997 AGS® American Guidance Service, Inc. Circle Pines, MN 55014-1796

Se permite reproducir esta actividad.

DISCIPLINE

HERE'S AN ACTIVITY TO DO WITH YOUR CHILD

Making choices

1

Find ways to let your child make choices.
"What T-shirt do you want to wear?"

2

A child likes to be a part of planning.
"Where should we go first—to the grocery store or to K Mart?"

3

Only give choices when there really are choices.

WHY IS THIS IMPORTANT FOR MY CHILD?

- As he/she grows up, child will need to make more choices of his/her own.
- Helps child be more OK about limits (rules).
- Helps child learn to take care of self.
- Helps child practice using judgment, looking at different choices.
- Helps child practice making good choices.
- Helps child get ready for school.

WHAT ARE SOME OTHER ACTIVITIES LIKE THIS?

- Use pretend play.
    "If you were the daddy, what would you do?"
- Read a story. Talk about:
    "What else could happen?"
    "What will that person do next?"
- Talk about different ways of doing things.
    "If you do this, what will happen?"
    "If you do that, what will happen?"
- Talk about what happens next (the order of things).
    "If we go to the store, then . . . "
    "When we cook dinner, then . . . "
- You can still give choices even when a limit is set.
    "Would you like an apple or an orange before you go to bed?"
    "What pajamas do you want to wear?"
    "What story would you like to choose tonight?"
- When you can, decide ahead of time what your child can do and cannot do.

This sheet is part of a series on
DISCIPLINE
developed by Washburn Child Guidance Center under a grant from the United Way of Minneapolis Area's Success By 6® community initiative.
EveryDay Matters ©1997 AGS® American Guidance Service, Inc.
Permission is granted to reproduce this activity.

DISCIPLINA

AQUÍ HAY UNA ACTIVIDAD QUE PUEDE HACER CON SU NIÑO

Escogiendo opciones

1

Busque diferentes maneras en que su niño pueda escoger.

"¿Cuál camiseta te quieres poner hoy?"

2

Al niño le agrada tomar parte en sus planes.

"¿A dónde vamos primero—a la tienda de abarrotes o a K-Mart?"

3

Solamente dé alternativas cuando las hay en realidad.

¿POR QUÉ ES IMPORTANTE PARA MI NIÑO?

- Su niño tendrá que tomar decisiones para sí mismo como vaya creciendo.
- Ayuda al niño estar a gusto con límites (reglas).
- Ayuda al niño cuidarse mejor.
- Da al niño práctica en usar su juicio, considerando sus opciones.
- Ayuda al niño practicar escoger opciones.
- Ayuda al niño prepararse para entrar en la escuela.

¿QUÉ OTRAS ACTIVIDADES HAY SEMEJANTES A ÉSTA?

- Juegue a desempeñar papeles.
    "Si tú fueras el papá, ¿qué harías?"
- Lea un cuento, hable sobre:
    "¿Qué más podrá pasa r . . . ?"
    "¿Qué hará la persona . . . ?"
- Hable sobre las diferentes maneras de hacer algo.
    "Si haces esto, ¿qué pasará?"
    "Si haces el otro, ¿qué pasará?"
- Hable de lo que pasa en sigiuente (el orden de las cosas).
    "Si vamos a la tienda . . . "
    "Cuando hacemos la comida . . . "
- Usted puede dar opciones aún cuando establece límites.
    "¿Te gustaría una manzana o una naranja antes de acostarte?"
    "¿Cuáles pijamas te quieres poner hoy?"
    "¿Cuál historieta quieres que te lea?"
- Si es posible, decida de antemano lo que su niño puede y lo que no puede hacer.

Esta hoja forma parte de una serie sobre
DISCIPLINA
desarrollada por Washburn Child Guidance Center, mediante una donación de la iniciativa de la comunidad, Success by 6,® del United Way of Minneapolis Area.

Asuntos cotidianos ©1997 AGS® American Guidance Service, Inc. Circle Pines, MN 55014-1796

Se permite reproducir esta actividad.

DISCIPLINE

HERE'S AN ACTIVITY TO DO WITH YOUR CHILD

"Do" works better than "don't"

1 Instead of telling your child what he/she can't do . . .
"Don't leave your toys on the steps!"

2 . . . tell your child what he/she can do.
"Please put your toys on the shelf."

3 Be positive. Be clear.

WHY IS THIS IMPORTANT FOR MY CHILD?

- Helps child learn what should be done.
- Praising helps child feel good about himself/herself.
- Helps avoid power struggles.
- Avoids giving ideas for not OK things to do that child might otherwise not have thought of.

WHAT ARE SOME OTHER ACTIVITIES LIKE THIS?

- Have routines to establish:
    - places to put things
    - times when things are done (bedtime)
    - what we do and where we do it
- Talk about what we do.
- Think about what child can and can't do.
- Give child choices for what he/she can do.
- Think about how to make positive limits.
    "The stove is hot. Let's play over here."

This sheet is part of a series on
DISCIPLINE
developed by Washburn Child Guidance Center under a grant from the United Way of Minneapolis Area's Success By 6® community initiative.
EveryDay Matters ©1997 AGS® American Guidance Service, Inc.
Permission is granted to reproduce this activity.

DISCIPLINA

AQUÍ HAY UNA ACTIVIDAD QUE PUEDE HACER CON SU NIÑO

"Haz" funciona mejor que "no hagas"

1

En vez de decirle a su niño lo que no puede hacer...
"¡No dejes los juguetes sobre las escaleras!"

2

Dígale lo que sí puede hacer.
"Por favor pon tus juguetes sobre la repisa."

3

Me gusta cuando pones tus juguetes sobre la repisa.

Sea positivo. Diga todo claramente.

¿POR QUÉ ES IMPORTANTE PARA MI NIÑO?

- Ayuda al niño a aprender lo que debe hacer.
- Alabar a su niño lo hace sentir bien de sí mismo.
- Ayuda a prevenir una lucha por dominio.
- No le da al niño ideas de cosas que no debe hacer en que no hubiera pensado antes.

¿QUÉ OTRAS ACTIVIDADES HAY SEMEJANTES A ÉSTA?

- Es útil tener rutinas:
    - lugares para todo
    - horas para hacer diferentes cosas (dormir)
    - lo que hacemos y el lugar para hacerlo
- Hable de lo que hacemos.
- Piense en lo que su niño puede hacer y de lo que no puede hacer.
- Déle opciones a su niño.
- Piense en como establecer límites positivos.
    "Está caliente la estufa. Vamos a jugar allá."

Esta hoja forma parte de una serie sobre
DISCIPLINA
desarrollada por Washburn Child Guidance Center, mediante una donación de la iniciativa de la comunidad, Success by 6,® del United Way of Minneapolis Area.

Asuntos cotidianos ©1997 AGS® American Guidance Service, Inc. Circle Pines, MN 55014-1796

Se permite reproducir esta actividad.

DISCIPLINE

HERE'S AN ACTIVITY TO DO WITH YOUR CHILD

Power struggles

1

Try to put the problem in words. Say what he/she wants and what you want.
"I know you want to stay and play. I want to go to the store."

2

Talk about his/her feelings.
"You feel angry when you can't play as long as you like."

3

Sometimes there's room for a bargain.
"I'll set the timer for 10 minutes."

WHY IS THIS IMPORTANT FOR MY CHILD?

- Helps child learn that people want different things.
- Helps child learn to work out differences. One isn't always the winner or loser.
- Helps child learn to accept rules and limits.
- Helps child learn to use words to solve problems.
- Helps child learn to say what he/she wants.
  "You want this, but I need . . ."

WHAT ARE SOME OTHER ACTIVITIES LIKE THIS?

- Listen to what your child is saying. Pay attention to his/her feelings.
- Help child understand that part of growing up is getting into power struggles at times.
- Help child practice winning, losing, cooperation.
- Find many ways to work out problem.
- Have regular routines, limits (times and places to do things) to help reduce number of power struggles.
- Be consistent.

This sheet is part of a series on
DISCIPLINE
developed by Washburn Child Guidance Center under a grant from the United Way of Minneapolis Area's Success By 6® community initiative.
EveryDay Matters ©1997 AGS® American Guidance Service, Inc.
Permission is granted to reproduce this activity.

DISCIPLINA

AQUÍ HAY UNA ACTIVIDAD QUE PUEDE HACER CON SU NIÑO

Luchas por dominio

1

Trate de poner palabras al problema. Diga lo que quiere su niño y lo que quiere usted.

"Entiendo que quieres quedarte a jugar. Yo quiero ir a la tienda."

2

Hable de los sentimientos de su niño.

"Te sientes enojado cuando no puedes jugar tanto tiempo que tu quieras."

3

A veces hay lugar para hacer un trato.

"Le pondré 10 minutos al cronómetro."

¿POR QUÉ ES IMPORTANTE PARA MI NIÑO?

- Ayuda al niño a aprender que personas diferentes quieren cosas diferentes.
- Ayuda al niño a aprender como resolver las diferencias. No siempre será el que pierde o el que gana.
- Ayuda al niño a aprender a aceptar reglas y límites.
- Ayuda al niño a usar palabras para resolver los problemas.
- Ayuda al niño a aprender a decir lo que quiere.

   "Tú quieres esto, pero yo necesito . . ."

¿QUÉ OTRAS ACTIVIDADES HAY SEMEJANTES A ÉSTA?

- Escuche a su niño y a lo que dice. Ponga atención a sus sentimientos.
- A veces su niño tendrá más luchas por dominio. Es una parte del proceso de maduración.
- Ayude a su niño a practicar como ganar, perder y cooperar.
- Encuentre muchas maneras de resolver un problema.
- Tenga rutinas y límites (hora y lugar para hacer algo), para reducir las luchas por dominio.
- Sea consistente.

Esta hoja forma parte de una serie sobre
DISCIPLINA
desarrollada por Washburn Child Guidance Center, mediante una donación de la iniciativa de la comunidad, Success by 6,® del United Way of Minneapolis Area.

Asuntos cotidianos ©1997 AGS® American Guidance Service, Inc. Circle Pines, MN 55014-1796

Se permite reproducir esta actividad.

DISCIPLINE

HERE'S AN ACTIVITY TO DO WITH YOUR CHILD

Touch

1

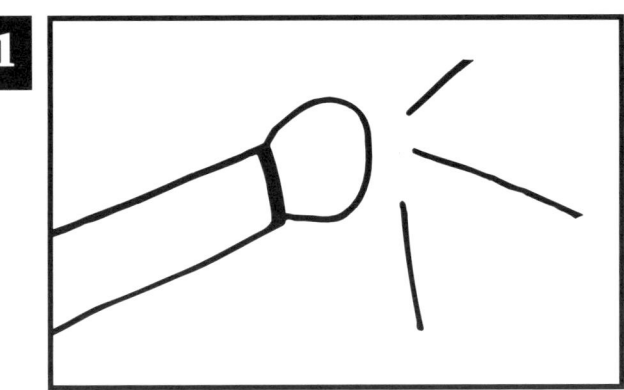

No one likes to get hit.

2

"He was so angry. Why did he hit me?"

Often the person getting hit remembers only the anger—not why he/she was hit.

3

"I am angry at what you did. But I love you."

A loving hug can be powerful.
"I love you."

WHY IS THIS IMPORTANT FOR MY CHILD?

- When child doesn't have the words, touch can show feelings.
- For self-protection, child learns what touch is good and what touch is not.
- Child can learn how touch can make you feel good.
- Child learns through all senses. Touch is a valuable one.
- Child and parent can learn other things to do besides hitting.

WHAT ARE SOME OTHER ACTIVITIES LIKE THIS?

- Give your child lots of good touch:
    - hugs
    - back rubs
- Pair touch with good words, praise.
- Talk about your own feelings with child.
    "I feel hurt when you try to kick me!"
- Talk to your child when looking at other people's actions.
    "When someone hits, it hurts."
    "When someone touches you there, that doesn't feel good."
    "What would you do if someone treated you like . . ."
- Different children like touch in different ways. Find out what your child is comfortable with.
- Have daily routines of giving good touch to your child (nightly back rubs, morning hugs).

This sheet is part of a series on
DISCIPLINE
developed by Washburn Child Guidance Center under a grant from the United Way of Minneapolis Area's Success By 6® community initiative.
EveryDay Matters ©1997 AGS® American Guidance Service, Inc.
Permission is granted to reproduce this activity.

DISCIPLINA

AQUÍ HAY UNA ACTIVIDAD QUE PUEDE HACER CON SU NIÑO

Tacto

1

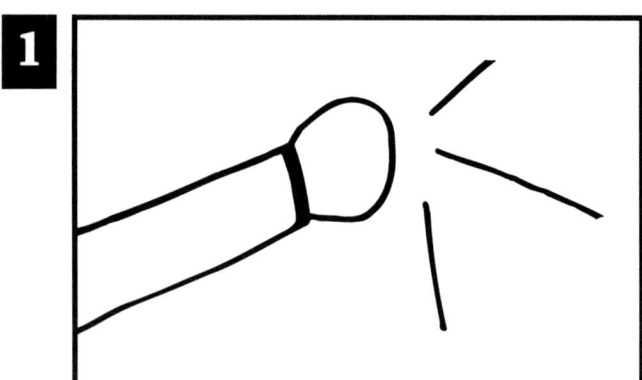

A nadie le gusta que le golpee.

2

Estaba tan enojado. ¿Por qué me pegó?

La persona que sufre el golpe frecuentemente recuerda solamente la ira— no porque fue golpeada.

3

Me hace enojada lo que hiciste. Pero te quiero.

Un abrazo cariñoso puede ser muy poderoso.
"Te quiero."

¿POR QUÉ ES IMPORTANTE PARA MI NIÑO?

- El tacto puede mostrar el sentimiento cuando el niño no encuentra las palabras.
- Para protegerse, el niño aprende el tacto bueno y el malo.
- El niño puede aprender que el tacto puede hacer sentir bien a alguien.
- El niño aprende mediante todos sus sentidos. El tacto es un sentido muy importante.
- El niño así como los padres pueden aprender otra conducta que no sea golpear.

¿QUÉ OTRAS ACTIVIDADES HAY SEMEJANTES A ÉSTA?

- Déle a su niño muchas caricias:
    - abrazos
    - masajes de espalda
- Junte el tacto con buenas palabras, alabanzas.
- Hable de sus propios sentimientos con su niño.
  "¡ Me duele cuando tratas de patalearme!"
- Hable con su niño al ver las acciones de otra gente.
  "Duele cuando alguien le pega a otro."
  "No se siente bien cuando alguien te toca allí."
  "¿Qué harías si alguien te tratara . . . ?"
- A diferentes niños les gusta el tacto en diferentes maneras. Descubre qué le agrada a su niño.
- Tenga rutinas diarias de darle a su niño el tacto bueno (masajes de espalda por la noche, abrazos por la mañana).

Esta hoja forma parte de una serie sobre
DISCIPLINA
desarrollada por Washburn Child Guidance Center, mediante una donación de la iniciativa de la comunidad, Success by 6,® del United Way of Minneapolis Area.

Asuntos cotidianos ©1997 AGS® American Guidance Service, Inc. Circle Pines, MN 55014-1796

Se permite reproducir esta actividad.

DISCIPLINE

HERE'S AN ACTIVITY TO DO WITH YOUR CHILD

Allow for feelings

Help your child name his/her feelings.
"You get mad when you can't finish that puzzle."

Show your child you have feelings.
"I was so sad when grandma died."

Make it safe to share feelings.
"It's OK to feel angry."

WHY IS THIS IMPORTANT FOR MY CHILD?

- Everybody has feelings, even the youngest baby.
- Helps child learn to notice people's feelings.
- Parents can show how they notice feelings.
- Helps child learn how feelings show up in actions and how to express them in a positive way.
- Helps child learn to accept self and others.

WHAT ARE SOME OTHER ACTIVITIES LIKE THIS?

- Role-play (pretend) different feelings.
    "Let's pretend that I just took your toy. What would you do?"
- Look at pictures and talk about the feelings.
- Make faces with your child, pretending different feelings.
    "What do you think sad would look like?"
- Go to the library. Look at books about feelings.
- Talk about your own feelings.
- Help your child name his/her feelings.
- Watch for and point out to your child other people's feelings.
- Tell a story or write a story about feelings.
    "There once was a little girl who lived all alone . . . "

This sheet is part of a series on
DISCIPLINE
developed by Washburn Child Guidance Center under a grant from the United Way of Minneapolis Area's Success By 6® community initiative.
EveryDay Matters ©1997 AGS® American Guidance Service, Inc.
Permission is granted to reproduce this activity.

DISCIPLINA

AQUÍ HAY UNA ACTIVIDAD QUE PUEDE HACER CON SU NIÑO

Tenga en cuenta los sentimientos

1

Ayude a su niño a ponerle nombres a sus sentimientos.

"Te enojas cuando no puedes completar ese rompecabezas."

2

Muéstrele a su niño que usted tiene sentimientos.

"Me puse muy triste cuando murió abuelita."

3

Haga sentir seguro a su niño cuando habla de sus sentimientos.

"Está bien que te sientes enojado."

¿POR QUÉ ES IMPORTANTE PARA MI NIÑO?

- Toda la gente tiene sentimientos, hasta el bebé más joven.
- Ayuda al niño a aprender a darse cuenta de los sentimientos de otros.
- Los padres pueden mostrar como se dan cuenta de sentimientos.
- Ayuda al niño a aprender como los sentimientos se manifiestan en conducta y como expresarlos en manera positiva.
- Ayuda al niño a aceptarse a sí mismo y a otros.

¿QUÉ OTRAS ACTIVIDADES HAY SEMEJANTES A ÉSTA?

- Juegue a desempeñar diferentes papeles.
  "Vamos a jugar a que yo acabo de quitarte tu juguete. ¿Qué harías?"
- Mire fotos y hable de sentimientos.
- Haga caras con su niño, jugando con diferentes sentimientos.
  "¿Cómo piensas que parece la tristeza?"
- Vaya a la biblioteca. Vea libros sobre sentimientos.
- Hable de sus sentimientos.
- Ayude a su niño a poner nombre a sus sentimientos.
- Observe y señale los sentimientos de otras personas.
- Cuente una historia o escriba un cuento sobre los sentimientos.
  "Había una vez una niña que vivía sóla . . ."

Esta hoja forma parte de una serie sobre
DISCIPLINA
desarrollada por Washburn Child Guidance Center, mediante una donación de la iniciativa de la comunidad, Success by 6,® del United Way of Minneapolis Area.

Asuntos cotidianos ©1997 AGS® American Guidance Service, Inc. Circle Pines, MN 55014-1796

Se permite reproducir esta actividad.

DISCIPLINE

HERE'S AN ACTIVITY TO DO WITH YOUR CHILD

Cooperation: Working with others

1

Working with others is a skill we can learn.

2

It can start in small ways.
"I can help you with that puzzle."

3

It can help your child learn problem solving.

WHY IS THIS IMPORTANT FOR MY CHILD?

- Helps child learn to get along with other people.
- Helps child learn to accept help when needed.
- Helps child learn to follow directions from others.
- Helps child learn to see others' point of view.
- Helps child learn to see how many people can work together.
- Helps child learn how to share work.

WHAT ARE SOME OTHER ACTIVITIES LIKE THIS?

- Find activities that need more than one person to do them. Invite your child to help.
- Role play (pretend).
    "Let's play school."
- Plan an activity: What are the jobs?

    What can each person do?

    Whose turn is it?
- Look at daily duties around the home: How can your child be a part of them?
- Working together is something a child learns to do as he/she grows.
    - Working with others is very hard for a two year old.
    - Three year olds can work together with a grown-up's help.
    "I can help you."
    "Ask me if you need help."
    - Four year olds can often share or plan working together on their own.

This sheet is part of a series on
DISCIPLINE
developed by Washburn Child Guidance Center under a grant from the United Way of Minneapolis Area's Success By 6® community initiative.
EveryDay Matters ©1997 AGS® American Guidance Service, Inc.
Permission is granted to reproduce this activity.

DISCIPLINA

AQUÍ HAY UNA ACTIVIDAD QUE PUEDE HACER CON SU NIÑO

Cooperación: Trabajando con otros

1

"Puedes ayudar por llevar el pan."

Trabajar con otros es una habilidad que podemos aprender.

2

Puede empezar con pasos pequeños.
"Te puedo ayudar con ese rompecabezas."

3

"¿Qué quieres hacer después de ir a la tienda?"

Puede ayudarle a su niño aprender a resolver problemas.

¿POR QUÉ ES IMPORTANTE PARA MI NIÑO?

- Ayuda al niño a aprender a llevarse bien con otros.
- Ayuda al niño a aceptar ayuda cuando es necesario.
- Ayuda al niño a aprender a seguir direcciones.
- Ayuda al niño a ver otro punto de vista.
- Ayuda al niño a observar como la gente puede trabajar junta.
- Ayuda al niño a aprender a compartir el trabajo.

¿QUÉ OTRAS ACTIVIDADES HAY SEMEJANTES A ÉSTA?

- Encuentre actividades que necesitan más que una persona. Pídale a su niño que le ayude a usted.
- Juegue a desempeñar diferentes papeles.
    "Vamos a jugar que estamos en la escuela."
- Haga planes para una actividad:

    ¿Cuáles son las tareas?

    ¿Qué puede hacer cada persona?

    ¿A quién le toca?

- Observe los quehaceres de cada día: ¿Cómo puede tomar parte su niño?
- Cuando va creciendo el niño, va aprendiendo a trabajar con otros.
    - Es muy difícil trabajar con alguien para un niño de dos años.
    - Los niños de tres años pueden trabajar juntos con la ayuda de un adulto.
    "Yo puedo ayudarte."
    "Pide ayuda si la necesitas."
- Los niños de cuatro años a menudo pueden trabajar o planear un trabajo juntos.

Esta hoja forma parte de una serie sobre
DISCIPLINA
desarrollada por Washburn Child Guidance Center, mediante una donación de la iniciativa de la comunidad, Success by 6,® del United Way of Minneapolis Area.

Asuntos cotidianos ©1997 AGS® American Guidance Service, Inc. Circle Pines, MN 55014-1796

Se permite reproducir esta actividad.

DISCIPLINE

HERE'S AN ACTIVITY TO DO WITH YOUR CHILD

Setting limits

1 Keep rules simple and positive.
"The food stays on the table . . .

2 Tell why.
because it gets in the rug."

3 Be consistent.

WHY IS THIS IMPORTANT FOR MY CHILD?

- Helps child learn what behavior other people like.
- Child has need to know what limits are.
- Child feels safer when limits are always the same.
- Helps child learn how to get along with others.
- Helps child get ready for school.

WHAT ARE SOME OTHER ACTIVITIES LIKE THIS?

- When setting some limits, offer a choice.
   "You can do this instead."
- Sometimes you may need to help your child learn a new skill to be able to do what you expect.
- Break limits into small steps.
  - Bedtime: Give a warning (10 minutes).
     Remind.
     Follow routine (First this, then . . .).
  - Mealtime: Give child enough space.
     Give child right utensils.
     Teach child to use spoon.
     Keep things from edges of table.
- Sometimes you may need to help your child follow a limit.
   "If you can't do it by yourself, I can help you."
- When your child follows a limit, praise him/her.
- Think about what limits are really important.
- Have as few limits as needed.
- Childproof your house to decrease the number of limits.

This sheet is part of a series on
DISCIPLINE
developed by Washburn Child Guidance Center under a grant from the United Way of Minneapolis Area's Success By 6® community initiative.
EveryDay Matters ©1997 AGS® American Guidance Service, Inc.
Permission is granted to reproduce this activity.

DISCIPLINA

AQUÍ HAY UNA ACTIVIDAD QUE PUEDE HACER CON SU NIÑO

Estableciendo límites

Haga las reglas sencillas y positivas.
"La comida se queda sobre la mesa . . .

Diga la razón.
porque se cae sobre el tapete."

Sea consistente.

¿POR QUÉ ES IMPORTANTE PARA MI NIÑO?

- Ayuda al niño a aprender la conducta que le agrada a otra gente.
- El niño necesita conocer los límites.
- El niño se siente más seguro cuando los límites siempre son los mismos.
- Ayuda al niño a aprender a llevarse bien con otros.
- Ayuda al niño a prepararse para entrar ea la escuela.

¿QUÉ OTRAS ACTIVIDADES HAY SEMEJANTES A ÉSTA?

- Al establecer límites, ofrezca opciones.
  "Puedes hacer esto en vez de..."
- A veces tendrá que enseñarle a su niño algo nuevo para que pueda hacer lo que usted espera de él.
- Es beneficioso separar los límites en pequeños pasos.
    - A la hora de dormir:
        Dé un aviso (10 minutos).
        Recuerde a su niño.
        Siga la rutina (primero esto, luego eso...).
    - A la hora de comer:
        Déle al niño suficiente espacio.
        Déle al niño los utensilios necesarios.
        Enséñele a usar una cuchara.
        Mantenga objetos lejos de la orilla de la mesa.
- A veces tendrá que ayudar a su niño a seguir un límite.
  "Si no lo puedes hacer sólo, te puedo ayudar."
- Cuando su niño sigue un límite, alábelo.
- Considere cuales límites son verdaderamente importantes.
- Establezca el mínimo número posible de límites.
- Haga su casa tan a prueba de niños como pueda, para limitar el número de límites.

Esta hoja forma parte de una serie sobre
DISCIPLINA
desarrollada por Washburn Child Guidance Center, mediante una donación de la iniciativa de la comunidad, Success by 6,® del United Way of Minneapolis Area.

Asuntos cotidianos ©1997 AGS® American Guidance Service, Inc. Circle Pines, MN 55014-1796

Se permite reproducir esta actividad.

DISCIPLINE

HERE'S AN ACTIVITY TO DO WITH YOUR CHILD

Catch him/her being good

1

"You are being gentle with the dog."

For one week, try each day to find as many ways as you can that your child is being good.

2

Tell your child each time.

"I like the way you are using an inside voice."

3

"You remembered to flush the toilet."

Once a day in the weeks to come, catch your child being good.

WHY IS THIS IMPORTANT FOR MY CHILD?

- Helps child feel good about self.
- Helps child know what behavior is "good."
- Helps child know what parent likes.
- Helps child do more good things when he/she is having a hard time.
- Helps parent remember how many good things child does.
- Helps parent and child feel better about each other.
- Helps child get along better with other people.

WHAT ARE SOME OTHER ACTIVITIES LIKE THIS?

- Use many ways to praise child:
    - with words
    - with a smile
    - with a gentle touch
    - spending a special time together
    - helping child see how he/she is growing (stickers on a chart)
- Remember to catch yourself being "good" or "better."
- Be aware of changing skills.
    "I remember when that used to be real hard for you."
- Draw pictures with your child.
    "Draw me a picture of how well you can build a tower."
- Help child begin to learn new things.
    "You are trying so hard at that."
- Everyone has bad days. On those days it may be more important to catch good things.

This sheet is part of a series on
DISCIPLINE
developed by Washburn Child Guidance Center under a grant from the United Way of Minneapolis Area's Success By 6® community initiative.
EveryDay Matters ©1997 AGS® American Guidance Service, Inc.
Permission is granted to reproduce this activity.

DISCIPLINA

AQUÍ HAY UNA ACTIVIDAD QUE PUEDE HACER CON SU NIÑO

Sorpréndalo comportándose bien

1

Durante una semana, haga nota cada vez que su niño se comporta bien.

2

Dígale a su niño.
"Me gusta cuando hablas en voz baja en la casa."

3

Diariamente en el futuro, dése cuenta cuando su niño se comporta bien.

¿POR QUÉ ES IMPORTANTE PARA MI NIÑO?

- Ayuda al niño a sentirse bien con si mismo.
- Ayuda al niño a saber lo que es la conducta "buena."
- Ayuda al niño a saber lo que le agrada a sus padres.
- Ayuda al niño a hacer más cosas buenas cuando tiene dificultades en hacer algo.
- Ayuda a los padres a recordar cuantas cosas bien hechas ha hecho el niño.
- Ayuda tanto al niño como el padre o la madre a sentirse bien.
- Ayuda al niño a llevarse bien con otros.

¿QUÉ OTRAS ACTIVIDADES HAY SEMEJANTES A ÉSTA?

- Hay muchos modos de alabar al niño:
    - con palabras
    - con una sonrisa
    - con una caricia
    - pasando un tiempo especial juntos
    - ayudando al niño a ver como está creciendo (con etiquetas engomadas en un cuadro)
- Recuerde que debe darse cuenta cuando usted se comporta "bien" o "mejor."
- Tiene que darse cuenta de como van cambiando las habilidades.

    "Me acuerdo cuando eso era demasiado difícil para tí."

- Dibuje con su niño.

    "Dibújame como puedes hacer una torre."

- Ayude al niño a aprender cosas nuevas.

    "Estás haciendo un gran esfuerzo con eso."

- Todos tenemos malos días. Cuando eso pasa, es beneficioso darse cuenta de la buena conducta.

Esta hoja forma parte de una serie sobre
DISCIPLINA
desarrollada por Washburn Child Guidance Center, mediante una donación de la iniciativa de la comunidad, Success by 6,® del United Way of Minneapolis Area.

Asuntos cotidianos ©1997 AGS® American Guidance Service, Inc. Circle Pines, MN 55014-1796

Se permite reproducir esta actividad.

SELF-ESTEEM
EveryDay Matters

I help my child learn to feel good about himself/herself.
Today I look for one way my child pleases me.

One way to use these activity sheets is to stick one up on your refrigerator door.

Your child is growing in many ways every day.

Every child needs practice learning to like himself/herself. Children need practice feeling good about who they are.

These activities are to help you help your child learn these things.

SET POSITIVE LIMITS

Try telling your child what to do rather than what not to do.

In some activities, it may be important to set limits (or rules). Example:

"This is the paper you can color on."
"Please put your blocks in the box."
"Your coat goes on your special hook."

Children and adults often respond better to **do** than to **don't**. Try it. See how it works for you.

PRAISE YOUR CHILD

Growing up is hard work. It is important to remember to praise your child for the efforts he/she is making.

At the end of each activity, tell your child something good.

Examples:
"You did it all by yourself!"
"I like the way you wash your hands."
"Wow, what a great job you did holding that spoon."

And remember to praise yourself. You are working hard at this, too!

This sheet is part of a series on
SELF-ESTEEM
developed by Washburn Child Guidance Center under a grant from the United Way of Minneapolis Area's Success By 6® community initiative.
EveryDay Matters ©1997 AGS® American Guidance Service, Inc.
Permission is granted to reproduce this activity.

AMOR PROPIO
Asuntos cotidianos

Le ayudo a mi niño a aprender a sentirse bien con sí mismo.

Hoy busco una manera en que mi niño me complazca.

Una manera de usar estas hojas de actividades es pegarlas en la puerta de su refrigerador.

Su niño está creciendo en muchas formas cada día.

Cada niño necesita practicar a sentirse bien con sí mismo.

Estas actividades le ayudarán a usted a ayudarle a su niño a aprender estas cosas.

ESTABLEZCA LÍMITES POSITIVOS

Dígale a su niño lo que debe hacer en vez de decirle lo que no debe hacer.

En algunas actividades puede ser importante imponer límites (o reglas). Ejemplos:

"Puedes iluminar en esta hoja de papel."

"Por favor pon tus cubos en la caja."

"Tu abrigo va en tu gancho especial."

Los adultos, así como los niños, a menudo responden mejor a **haz** que a **no hagas.** Haga la prueba. Verá como funciona para usted.

ALABE A SU NIÑO

Es mucho trabajo crecer. Es importante recordar que debe alabar a su niño por el esfuerzo que está haciendo.

Al completar cada actividad, dígale a su niño algo bueno.

"¡Lo hiciste solito!"

"Me gusta como te lavas las manos."

"¡Excelente!" "¡Qué buen trabajo hiciste en sostener la cuchara!"

Y recuerde alabarse a sí mismo. ¡Usted también está trabajando duro!

Esta hoja forma parte de una serie sobre
AMOR PROPIO

desarrollada por Washburn Child Guidance Center, mediante una donación de la iniciativa de la comunidad, Success by 6,® del United Way of Minneapolis Area.
Asuntos cotidianos ©1997 AGS® American Guidance Service, Inc. Circle Pines, MN 55014-1796
Se permite reproducir esta actividad.

SELF-ESTEEM

HERE'S AN ACTIVITY TO DO WITH YOUR CHILD

You can help . . .

Find a way your child can help you with your work.

"Can you take all the wrappers off these boxes?"

"You can hold the spoons while Mama is opening these cans."

WHY IS THIS IMPORTANT FOR MY CHILD?

- Helps child know he/she is a part of the family.
- Helps child learn helping skills.
- Puts child's interest and energy into helpful things.
- Keeps child out of trouble when you are trying to get housework done.

WHAT ARE SOME OTHER ACTIVITIES LIKE THIS?

- For the very young child:
    - Let child watch what you are doing. Put child in a safe place in the room while you are cooking or cleaning.
    - Talk to child about what you are doing and why you are doing it. This helps child learn how life works and how people take care of themselves.
- As child gets older, give him/her pots and pans to play with.
- The older child can learn to help in a small way—to do part of all kinds of daily jobs:
    - cooking
    - cleaning
    - washing
    - taking out and putting away
    - deciding what to get at the store
    - pushing grocery cart
    - getting loaf of bread
    - picking out clothes for the day
    - picking out book at library
    - picking out puzzle to do together
- Find a special job for a child.
    "Jessie is the one who brings the mail in this week."

This sheet is part of a series on
SELF-ESTEEM
developed by Washburn Child Guidance Center under a grant from the United Way of Minneapolis Area's Success By 6® community initiative.
EveryDay Matters ©1997 AGS® American Guidance Service, Inc.
Permission is granted to reproduce this activity.

AMOR PROPIO

AQUÍ HAY UNA ACTIVIDAD QUE PUEDE HACER CON SU NIÑO

Puede ayudar . . .

1

Busque una manera en que su niño pueda ayudarle a usted con sus quehaceres.

2

"¿Puedes quitar las envolturas de estas cajas?"

3

"Puedes sostener la cuchara mientrâs mamá abre estas latas."

¿POR QUÉ ES IMPORTANTE PARA MI NIÑO?

- Ayuda al niño a saber que es parte de la familia.
- Ayuda al niño a aprender la habilidad de ayudar.
- Dirije la atención y la energía del niño hacia cosas beneficiosas.
- Es una manera de mantener al niño fuera de líos mientras usted trata de completar sus quehaceres.

¿QUÉ OTRAS ACTIVIDADES HAY SEMEJANTES A ÉSTA?

- Para los niños muy jóvenes:
    - Permítale al niño observar lo que usted hace. Ponga el niño en un lugar seguro mientras usted está cocinando o limpiando.
    - Hable con su niño de lo que usted está haciendo, y por qué lo está haciendo. Esto le ayuda al niño a aprender como funciona la vida y como se cuida la gente.
- Como vaya creciendo el niño déle sartenes y ollas para que juegue con ellas.
- El niño más grande puede aprender a ayudar en una forma fácil—tomar parte en varios quehaceres cotidianos:
    - preparar la comida
    - limpiar
    - lavar
    - sacando cosas, guardándolas
    - qué debemos comprar en la tienda
    - empujar la carreta en la tienda
    - conseguir pan
    - escoger la ropa que se va a poner ese día
    - escoger un libro en la biblioteca
    - escoger un rompecabezas que puede hacer juntos
- Encuentre un trabajo fácil para su niño.
    "Jessie es quien nos trae la correspondencia esta semana."

Esta hoja forma parte de una serie sobre
AMOR PROPIO
desarrollada por Washburn Child Guidance Center, mediante una donación de la iniciativa de la comunidad, Success by 6,® del United Way of Minneapolis Area.

Asuntos cotidianos ©1997 AGS® American Guidance Service, Inc. Circle Pines, MN 55014-1796

Se permite reproducir esta actividad.

SELF-ESTEEM

HERE'S AN ACTIVITY TO DO WITH YOUR CHILD

What a good idea!

1

Watch for ways your child is smart.

2

Take an interest in his/her activity.
"You put Mama's shoes on all your dollies."

3

Praise your child.
"I never would have thought of that!"

WHY IS THIS IMPORTANT FOR MY CHILD?

- Helps child learn to try new things.
- Helps child learn new ways to put things together.
- Helps child learn to stay at one thing longer.
- Helps child look at things, use things.
- Helps child think for himself/herself.
- Helps child learn that it's OK to be different.
- Helps child learn to play with what's around and not always need special toys.
- Helps parent look at smart things in a good way.

WHAT ARE SOME OTHER ACTIVITIES LIKE THIS?

- Let your child have different things to play with:
    - bags
    - old clothes
    - junk mail
    - boxes
- Make up stories with your child.
- Read an old story but change it. This can be funny.
- Do role playing with your child.
    "You be the nurse."
- Go for a walk with your child. Look around. Talk about what you see. What are things used for? Make up ideas.
    "What if that were a plane and we could go anywhere. Where should we go?"

This sheet is part of a series on
SELF-ESTEEM
developed by Washburn Child Guidance Center under a grant from the United Way of Minneapolis Area's Success By 6® community initiative.
EveryDay Matters ©1997 AGS® American Guidance Service, Inc.
Permission is granted to reproduce this activity.

AMOR PROPIO

AQUÍ HAY UNA ACTIVIDAD QUE PUEDE HACER CON SU NIÑO

¡Qué buena idea!

1 Busque maneras en que su niño demuestra que es listo.

2 Demuestre su interés en sus actividades.
"Le pusiste los zapatos de mamá a todas tus muñecas."

3 Alabe a su niño.
"¡Nunca hubiera pensado en eso!"

¿POR QUÉ ES IMPORTANTE PARA MI NIÑO?

- Ayuda al niño a aprender a hacer cosas nuevas.
- Ayuda al niño a aprender nuevas maneras de juntar cosas.
- Ayuda al niño a aprender a quedarse con una actividad por más tiempo.
- Ayuda al niño a aprender a observar y utilizar diferentes cosas.
- Ayuda al niño a pensar por su cuenta.
- Ayuda al niño a aprender que es bueno ser diferente.
- Ayuda al niño a aprender a jugar con lo que le rodea - y que no siempre necesita juguetes especiales.
- Ayuda a los padres a alabarle al niño por acciones inteligentes.

¿QUÉ OTRAS ACTIVIDADES HAY SEMEJANTES A ÉSTA?

- Permita que su niño juegue con diferentes cosas:
    - bolsas
    - ropa vieja
    - correspondencia vieja
    - cajas
- Invente cuentos con su niño.
- Lea un cuento viejo, pero cámbielo. Esto puede ser divertido.
- Haga teatro con su niño.
    "Tú eres la enfermera."
- Vaya a caminar con su niño. Observe sus alrededores. Hable de lo que ve. ¿Para qué se usan diferentes objetos? Invente una idea.
    "Qué tal si eso fuera un avión y pudiéramos ir a donde quisiéramos. ¿A dónde irías...?"

Esta hoja forma parte de una serie sobre
AMOR PROPIO
desarrollada por Washburn Child Guidance Center, mediante una donación de la iniciativa de la comunidad, Success by 6,® del United Way of Minneapolis Area.
Asuntos cotidianos ©1997 AGS® American Guidance Service, Inc. Circle Pines, MN 55014-1796
Se permite reproducir esta actividad.

SELF-ESTEEM

HERE'S AN ACTIVITY TO DO WITH YOUR CHILD

I can do it!

1

Find something you know your child can do.

2

Let him/her do it.
"You can put the block in the bucket."

3

Praise your child.
"You did it all by yourself!"

WHY IS THIS IMPORTANT FOR MY CHILD?

- Helps child know what he/she can do.
- Praise helps child grow in confidence.
- Helps parents learn what child can do.
- Helps child want to try new things, new skills.

WHAT ARE SOME OTHER ACTIVITIES LIKE THIS?

- Talk about what your child is doing.
    "Oh, you took off your shoe!"
- Help your child learn new things:
    - Show child how to do something.
    - Do it with child.
    - Ask child to do it by himself/herself.
    - Praise child.
- Help your child learn self-help skills:
    - dressing himself/herself
    - hanging up coat on low hook
    - helping to set table
    - helping to pick up
    - helping to bathe himself/herself
    - doing other things by himself/herself

This sheet is part of a series on
SELF-ESTEEM
developed by Washburn Child Guidance Center under a grant from the United Way of Minneapolis Area's Success By 6® community initiative.
EveryDay Matters ©1997 AGS® American Guidance Service, Inc.
Permission is granted to reproduce this activity.

AMOR PROPIO

AQUÍ HAY UNA ACTIVIDAD QUE PUEDE HACER CON SU NIÑO

¡Yo lo puedo hacer!

1

Encuentre algo que usted sabe que su niño puede hacer.

2

Permita que lo haga.
"Tú puedes poner el bloque en el cajón."

3

Alabe a su niño.
"¡Lo hiciste solito!"

¿POR QUÉ ES IMPORTANTE PARA MI NIÑO?

- Ayuda al niño saber lo que puede hacer.
- Alabar al niño le ayuda a tener más confianza en sí mismo.
- Ayuda a los padres a saber lo que su niño puede hacer.
- Ayuda al niño a querer hacer cosas nuevas, habilidades nuevas.

¿QUÉ OTRAS ACTIVIDADES HAY SEMEJANTES A ÉSTA?

- Hable de lo que su niño está haciendo.
  "¡Oh, te quitaste tu zapato!"
- Ayude a su niño a aprender cosas nuevas:
  - Muéstrele como hacerlo.
  - Hágalo con su niño.
  - Pídale a su niño que lo haga solo.
  - Alabe al niño.
- Ayude a su niño a aprender como ayudarse a sí mismo:
  - vestirse solo
  - colgar su abrigo en un gancho
  - ayudar a poner la mesa
  - ayudar a levantar cosas
  - ayudar a bañarse
  - hacer otras cosas solo

Esta hoja forma parte de una serie sobre
AMOR PROPIO
desarrollada por Washburn Child Guidance Center, mediante una donación de la iniciativa de la comunidad, Success by 6,® del United Way of Minneapolis Area.

Asuntos cotidianos ©1997 AGS® American Guidance Service, Inc. Circle Pines, MN 55014-1796

Se permite reproducir esta actividad.

SELF-ESTEEM

HERE'S AN ACTIVITY TO DO WITH YOUR CHILD

I am the greatest!

1

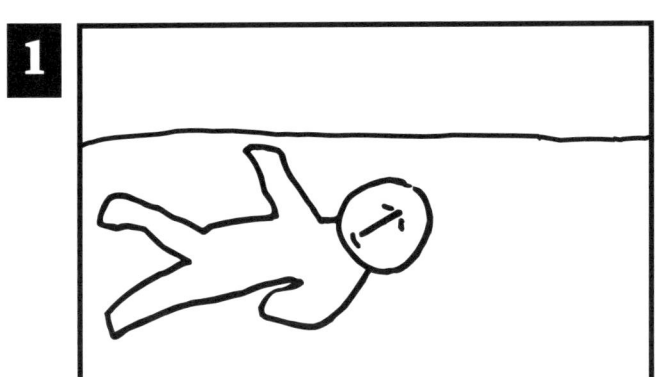

"I am always falling down, but I know what I can do."

2

"I can pick myself up, and brush myself off."

3

"Cuz, I am the greatest!"

WHY IS THIS IMPORTANT FOR MY CHILD?

- Helps child learn that everyone makes mistakes.
- Helps child learn that it is OK to make mistakes.
- Helps child learn that mistakes can often be undone or made right.
- Helps child learn that he/she is valued even when he/she makes mistakes.
- Helps child learn to cope with mistakes.
- Helps child learn to take care of himself/herself.

WHAT ARE SOME OTHER ACTIVITIES LIKE THIS?

- Talk to your child about your own mistakes.

    "I went out today without my hat. Ooh, did my ears get cold!"

- Let your child see you make mistakes.
- Let your child see what you do to fix them.
- Go to the library. Find books for your child on making mistakes.
- Help your child think of ways to make a mistake right when one happens.
- Help your child find words to tell about his/her anger when he/she makes a mistake.
- Help your child practice new skills:
    - climbing stairs
    - doing a hard puzzle
- Tell your child how much better he/she is getting at new skills.
- Talk about your feelings when you make a mistake.
- Give your child lots of praise for trying.

This sheet is part of a series on
SELF-ESTEEM
developed by Washburn Child Guidance Center under a grant from the United Way of Minneapolis Area's Success By 6® community initiative.
EveryDay Matters ©1997 AGS® American Guidance Service, Inc.
Permission is granted to reproduce this activity.

AMOR PROPIO

AQUÍ HAY UNA ACTIVIDAD QUE PUEDE HACER CON SU NIÑO

¡Soy el mejor!

1

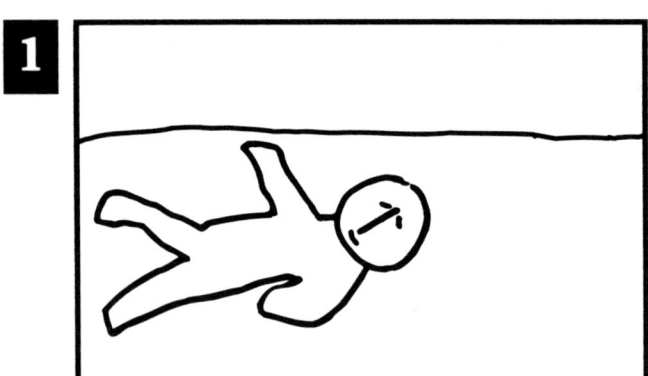

"Siempre me ando cayendo, pero sé lo que puedo hacer."

2

"Puedo levantarme y sacudirme."

3

"¡Porque soy el mejor!"

¿POR QUÉ ES IMPORTANTE PARA MI NIÑO

- Ayuda al niño a aprender que todos cometemos errores.
- Ayuda al niño a aprender que está bien si comete un error.
- Ayuda al niño a aprender que los errores muchas veces se pueden corregir.
- Ayuda al niño a saber que se le estima aún si comete errores.
- Ayuda al niño a saber como hacer frente a sus errores.
- Ayuda al niño a aprender a cuidarse.

¿QUÉ OTRAS ACTIVIDADES HAY SEMEJANTES A ÉSTA?

- Hable con su niño de los errores que usted ha cometido.
  "Hoy salí sin mi sombrero. ¡Cómo se me enfriaron las orejas!"
- Permita que su niño vea que usted comete errores.
- Déjelo ver lo que hace usted para corregirlas.
- Vaya a la biblioteca. Encuentre libros para su niño sobre errores.
- Ayude a su niño a pensar de como corregir un error.
- Ayude a su niño a practicar nuevas habilidades:
  - montar una escalera
  - completar un rompecabezas difícil
- Dígale que está mejorando.
- Hable de sus sentimientos cuando usted comete un error.
- Alabe a su niño por sus esfuerzos.

Esta hoja forma parte de una serie sobre
AMOR PROPIO
desarrollada por Washburn Child Guidance Center, mediante una donación de la iniciativa de la comunidad, Success by 6,® del United Way of Minneapolis Area.

Asuntos cotidianos ©1997 AGS® American Guidance Service, Inc. Circle Pines, MN 55014-1796

Se permite reproducir esta actividad.

SELF-ESTEEM

HERE'S AN ACTIVITY TO DO WITH YOUR CHILD

Life-size picture

(To get started, see list of things below.)

1

Ask your child to lie down on a sheet of paper.
"Let's see how big you are."

2

Draw around your child with a crayon or marker.

3

Color the picture together.
"What color is your hair?"

WHAT DO I NEED TO GET STARTED?

- big piece of paper, newspaper, or grocery bags taped together
- crayons or markers

WHY IS THIS IMPORTANT FOR MY CHILD?

- Helps child learn about his/her body.
- Helps child learn the names of body parts.
- Helps child learn to like himself/herself.
- Helps child learn how he/she is different from other people.

WHAT ARE SOME OTHER ACTIVITIES LIKE THIS?

- Look at photos together.
- Look in mirrors.
    "Where's your nose?"
- Look at different body parts. Talk about how they are the same and different.
    "My hand is bigger than your hand."
    "You have black hair. I have red hair."
- Talk about feelings—happy or sad—and how they feel.
    "Show how you would look if you were sad."
- Talk about how different body parts show feelings.
- Measure your child's height, or weigh your child. Mark it on a chart.
- Sort through your child's old clothes. Talk about how much he/she has grown.

This sheet is part of a series on
SELF-ESTEEM
developed by Washburn Child Guidance Center under a grant from the United Way of Minneapolis Area's Success By 6® community initiative.
EveryDay Matters ©1997 AGS® American Guidance Service, Inc.
Permission is granted to reproduce this activity.

AMOR PROPIO

AQUÍ HAY UNA ACTIVIDAD QUE PUEDE HACER CON SU NIÑO

Dibujo de tamaño natural

(Para empezar, vea la lista de abajo.)

1

Pídale a su niño que se acueste sobre una hoja grande de papel.
"Veremos que tan grande eres."

2

Dibuje alrededor de su niño con un color de dibujar o un marcador.

3

Iluminen juntos el dibujo.
"¿Qué color de cabello tienes?"

¿QUÉ NECESITO PARA EMPEZAR?

- una hoja grande de papel, o hoja de periódico, o bolsas de papel pegadas con goma
- colores para dibujar o marcadores

¿POR QUÉ ES IMPORTANTE PARA MI NIÑO?

- Ayuda al niño a aprender acerca de su cuerpo.
- Ayuda al niño a aprender los nombres de las diferentes partes de su cuerpo.
- Ayuda al niño a aceptarse a sí mismo.
- Ayuda al niño a aprender las diferencias entre él y otra gente.

¿QUÉ OTRAS ACTIVIDADES HAY SEMEJANTES A ÉSTA?

- Miren unas fotos juntos.
- Miren en un espejo.
    "¿Dónde está tu nariz?"
- Miren diferentes partes del cuerpo. Hablen de las diferencias y las semejanzas.
    "Mi mano es más grande que la tuya."
    "Tú tienes cabello negro." "Yo tengo cabello rojo."
- Hable de sentimientos: feliz y triste. ¿Cómo se sienten?
    "Enséñame como te ves cuando estás triste."
- ¿Cómo demuestran diferentes sentimientos las partes del cuerpo?
- Mida la altura de su niño o péselo y luego marque los números en un cuadro.
- Separe la ropa vieja de su niño. Hable de cuanto ha crecido.

Esta hoja forma parte de una serie sobre
AMOR PROPIO
desarrollada por Washburn Child Guidance Center, mediante una donación de la iniciativa de la comunidad, Success by 6,® del United Way of Minneapolis Area.

Asuntos cotidianos ©1997 AGS® American Guidance Service, Inc. Circle Pines, MN 55014-1796

Se permite reproducir esta actividad.

SELF-ESTEEM

HERE'S AN ACTIVITY TO DO WITH YOUR CHILD

I remember when . . .

(To get started, see list of things below.)

1

Ask your child to come hear a story.
"I was thinking about a time when you were much smaller."

2

Tell about a time when he/she was smaller.
"I remember when you learned how to crawl. This is what happened."

3

Tell your child how much he/she has grown.

WHAT DO I NEED TO GET STARTED?

- memories
- baby pictures
- a time and place to be comfortable

WHY IS THIS IMPORTANT FOR MY CHILD?

- Helps child see how much he/she has grown.
- Helps child learn the sequence of events and time.
- Helps child feel belonging in a family.
- Helps child learn to talk about events in words.
- Helps child learn about change—past and future.
- Helps parents see how child has grown.
- When there is much change in a child's life, helps child see that he/she is still here and OK.
- Helps parent and child talk about that change.

WHAT ARE SOME OTHER ACTIVITIES LIKE THIS?

- Tell your child stories about your own childhood.
    "When I was your age, I . . ."
- Talk about stories of an older brother or sister.
- Talk about differences in growing up.
- Go to the library. Find books about children the same age, or about children having experiences similar to your child.
- Keep your child's work in a special box or bag. Look at it a year later and talk about how he/she has grown.
- Keep a growth chart for your child. Measure his/her height. Weigh him/her.

This sheet is part of a series on
SELF-ESTEEM
developed by Washburn Child Guidance Center under a grant from the United Way of Minneapolis Area's Success By 6® community initiative.
EveryDay Matters ©1997 AGS® American Guidance Service, Inc.
Permission is granted to reproduce this activity.

AMOR PROPIO

AQUÍ HAY UNA ACTIVIDAD QUE PUEDE HACER CON SU NIÑO

Recuerdo cuando . . .

(Para empezar, vea la lista de abajo.)

1

Dígale a su niño que le va a contar un cuento.

"Estoy recordando cuando eras más pequeño."

2

Cuéntele de una época cuando él era más joven.

"Recuerdo cuando aprendiste a gatear." "Pasó así."

3

Dígale a su niño cuanto ha crecido.

¿QUÉ NECESITO PARA EMPEZAR?

- memorias
- fotos de bebé
- un lugar y una hora cuando pueden estar a gusto

¿POR QUÉ ES IMPORTANTE PARA MI NIÑO?

- Ayuda al niño a ver cuanto ha crecido.
- Ayuda al niño a aprender el orden de eventos y tiempo.
- Ayuda al niño a sentirse parte de la familia.
- Ayuda al niño a aprender a hablar sobre eventos.
- Ayuda al niño a aprender algo sobre el cambio - pasado y futuro.
- Ayuda a los padres a ver cuanto ha crecido su niño.
- Cuando hay muchos cambios en la vida del niño, le ayuda a ver que él todavía existe y todo está bien.
- Ayuda a los padres y su niño a hablar de esos cambios.

¿QUÉ OTRAS ACTIVIDADES HAY SEMEJANTES A ÉSTA?

- Hable con su niño de su niñez.
    "Cuando yo era tan joven como tú . . ."
- Cuéntele de su hermana o hermano mayor.
- Hable de las diferencias.
- Vaya a la biblioteca. Encuentre libros sobre niños de la misma edad que el suyo, o sobre niños que han tenido experiencias semejantes a las de su niño.
- Guarde los dibujos de su niño en una caja o bolsa especial. Después de un año saque todo y hable con su niño de cuanto ha crecido.
- Mantenga un cuadro de crecimiento para su niño. Mida su altura y su peso.

Esta hoja forma parte de una serie sobre
AMOR PROPIO
desarrollada por Washburn Child Guidance Center, mediante una donación de la iniciativa de la comunidad, Success by 6,® del United Way of Minneapolis Area.

Asuntos cotidianos ©1997 AGS® American Guidance Service, Inc. Circle Pines, MN 55014-1796

Se permite reproducir esta actividad.

SELF-ESTEEM

HERE'S AN ACTIVITY TO DO WITH YOUR CHILD

I like it when you . . .

1

Every day look for a way your child pleases you.

2

Take a moment to tell him/her directly.
"I like the way you wash your hands."

3

When correcting your child, tell him/her what you would rather see.

WHY IS THIS IMPORTANT FOR MY CHILD?

- Helps child learn what parent wants and expects.
- Helps child know when he/she does it right.
- Helps child feel good about pleasing parent.
- Child is more likely to do more when parent praises him/her.
- Parent will feel better about child if he/she is looking for good things.

WHAT ARE SOME OTHER ACTIVITIES LIKE THIS?

- Praise your child during regular times together:
    - meals
    - dressing
    - bedtime
    - other daily activities
- If you go a whole day and can't find something good to say:
    - Show your child what you want.
    - Ask your child to try.
    - Praise your child for trying.
- Praise your child for all kinds of things:
    - qualities
    "You were so kind to your brother."
    - changes
    "You are getting taller."
    - trying
    "I know it's hard to remember, but you did try to wipe your feet before you came in."
    - doing things better than before
    "You're getting better at pouring. You didn't spill as much as yesterday."

This sheet is part of a series on
SELF-ESTEEM
developed by Washburn Child Guidance Center under a grant from the United Way of Minneapolis Area's Success By 6® community initiative.
EveryDay Matters ©1997 AGS® American Guidance Service, Inc.
Permission is granted to reproduce this activity.

AMOR PROPIO

AQUÍ HAY UNA ACTIVIDAD QUE PUEDE HACER CON SU NIÑO

Me gusta cuando tú . . .

1

(Me gusta como te ríes.)

Cada día encuentre algo que su niño hace que le agrada a usted.

2

Dígale directamente.
"Me gusta como te lavas las manos."

3

(Guarda la comida en tu boca.)

Cuando tenga que corregir a su niño, dígale lo que usted prefiere ver.

¿POR QUÉ ES IMPORTANTE PARA MI NIÑO?

- Ayuda al niño a saber lo que sus padres quieren y lo que esperan de él.
- Ayuda al niño a saber cuando hace algo bien hecho.
- Ayuda al niño a sentirse bien que haya complacido a sus padres.
- El niño tiende a hacer más cosas cuando los padres lo alaban.
- Los padres se sienten mejor hacia el niño cuando buscan lo bueno en él.

¿QUÉ OTRAS ACTIVIDADES HAY SEMEJANTES A ÉSTA?

Alabe a su niño cuando estén juntos:
- durante comidas
- mientras se visten
- a la hora de dormir
- otras actividades cotidianas

- Si pasa un día entero y no encuentra algo bueno que decirle a su niño:
  - Enséñele a su niño lo que usted quiere.
  - Pídale que haga un esfuerzo para hacerlo.
  - Alabe a su niño por el esfuerzo.

- Usted puede alabar a su niño por muchas razones:
  - cualidades
  "Fuiste tan gentil con tu hermana."
  - cambios
  "Estás creciendo."
  - haciendo un esfuerzo para realizar algo
  "Sé que es difícil recordar, pero sí trataste de limpiarte los zapatos antes de entrar en la casa."
  - por hacer algo mejor que antes
  "Puedes servir mejor. No tiraste tanto como ayer."

Esta hoja forma parte de una serie sobre
AMOR PROPIO
desarrollada por Washburn Child Guidance Center, mediante una donación de la iniciativa de la comunidad, Success by 6,® del United Way of Minneapolis Area.

Asuntos cotidianos ©1997 AGS® American Guidance Service, Inc. Circle Pines, MN 55014-1796

Se permite reproducir esta actividad.

SELF-ESTEEM

HERE'S AN ACTIVITY TO DO WITH YOUR CHILD

A spot of your own

(To get started, see list of things below.)

1

Find ways to help your child feel at home.
"Here's a special place for your pictures."

2

It could be a shelf, a drawer, or a box.
"This place is just for you."

3

It could be a special place to hang his/her clothes.

WHAT DO I NEED TO GET STARTED?

- grocery bag
- or tote box from store
- or beer case
- or shelf
- or drawer

WHY IS THIS IMPORTANT FOR MY CHILD?

- Helps child feel special and safe.
- Helps child know he/she has a place in the family.
- Helps child learn to put things in their place.
- Helps child learn respect for people's space and things.

WHAT ARE SOME OTHER ACTIVITIES LIKE THIS?

- If your child is living in two houses, this is a way to let child know he/she is important in both places.
- Put child's name on door of his/her room or another place in the home.
- Let child help decide where his/her special place is to be, how it will look (decorate bag or box).
- Help child learn to take care of his/her special place (how to keep it clean, how it looks).
- Let child have a special chair, place, or place mat at the supper table.
- Give child a special drawer in a dresser. Put his/her name on it.
- Give child a carpet square as a special place where he/she can play with no one bothering him/her.

This sheet is part of a series on
SELF-ESTEEM
developed by Washburn Child Guidance Center under a grant from the United Way of Minneapolis Area's Success By 6® community initiative.
EveryDay Matters ©1997 AGS® American Guidance Service, Inc.
Permission is granted to reproduce this activity.

AMOR PROPIO

AQUÍ HAY UNA ACTIVIDAD QUE PUEDE HACER CON SU NIÑO

Un lugar especial

(Para empezar, vea la lista de abajo.)

1

Busque diferentes maneras para que su niño se sienta a gusto en el hogar.
"Aquí está un lugar especial para tus dibujos."

2

Puede ser una repisa, un cajón o una caja.
"Este lugar es solamente para tí."

3

O un lugar especial para que su niño cuelgue su ropa.

¿QUÉ NECESITO PARA EMPEZAR?
- bolsa del supermercado
- o una caja de una tienda
- o caja para cerveza
- o repisa
- o cajón

¿POR QUÉ ES IMPORTANTE PARA MI NIÑO?
- Ayuda al niño a sentirse especial y seguro.
- Ayuda al niño a saber que tiene un lugar en la familia.
- Ayuda al niño a aprender a poner cosas en su lugar.
- Ayuda al niño a aprender tener respeto para el espacio de otra persona y para sus cosas.

¿QUÉ OTRAS ACTIVIDADES HAY SEMEJANTES A ÉSTA?
- Si su niño vive en dos casas, es importante enseñarle que tiene importancia en ambas casas.
- Ponga el nombre de su niño en la puerta de su habitación o en otro lugar de la casa.
- Deje que su niño ayude a decidir donde va a tener su lugar especial y como se va a ver (adorne la caja o la bolsa).
- Ayude al niño a aprender como cuidar su lugar especial (como mantenerlo limpio, como se ve).
- Permita que su niño tenga una silla o un lugar especial en la mesa. O tal vez un mantelito especial.
- Déle a su niño un cajón especial para él, en un tocador o armario. Ponga su nombre en el cajón.
- Déle a su niño un pedazo pequeño de tapete para que juegue sin que nadie le moleste.

Esta hoja forma parte de una serie sobre
AMOR PROPIO
desarrollada por Washburn Child Guidance Center, mediante una donación de la iniciativa de la comunidad, Success by 6,® del United Way of Minneapolis Area.

Asuntos cotidianos ©1997 AGS® American Guidance Service, Inc. Circle Pines, MN 55014-1796

Se permite reproducir esta actividad.

SELF-ESTEEM

HERE'S AN ACTIVITY TO DO WITH YOUR CHILD

There's just one you!

1

"There's nobody like you in the whole, wide world!"

People are like snowflakes. No two are the same.

2

Tell your child something you like about him/her.

"I like the way you giggle."

3

Ask your child to tell you something he/she likes about himself/herself.

WHY IS THIS IMPORTANT FOR MY CHILD?

- Helps child accept himself/herself no matter what.
- Helps child accept other people.
- Helps child see differences in a good way at an early age.
- Helps child learn it is OK to have strengths and weaknesses.
- Helps child see he/she is different from others and OK.

WHAT ARE SOME OTHER ACTIVITIES LIKE THIS?

- Talk to your child about similarities and differences:
    - among grown-ups
    - among children
  "His legs are much longer than mine."
- Do this at any time in the day.
- Talk about differences.
  "I am wearing red. You have a blue sock."
  "He is using his left hand. I am using my right hand."
- Talk about things being alike.
  "Kayla is taller than you, but you are both girls."
- Find special activities for a child's particular skills.

This sheet is part of a series on
SELF-ESTEEM
developed by Washburn Child Guidance Center under a grant from the United Way of Minneapolis Area's Success By 6® community initiative.
EveryDay Matters ©1997 AGS® American Guidance Service, Inc.
Permission is granted to reproduce this activity.

AMOR PROPIO

AQUÍ HAY UNA ACTIVIDAD QUE PUEDE HACER CON SU NIÑO

¡Tú eres único!

1

La gente es como copos de nieve. No hay dos idénticos.

2

Dígale a su niño algo que le agrada a usted de él.
"Me gusta como te ríes."

3

Pídale a su niño que le diga a usted algo que le agrada de sí mismo.

¿POR QUÉ ES IMPORTANTE PARA MI NIÑO?

- Ayuda al niño a aceptarse a si mismo, tal como es.
- Ayuda al niño a aceptar a otras personas.
- Ayuda al niño a ver las diferencias en la gente en una manera positiva y a una edad temprana.
- Ayuda al niño a aprender que está bien ser fuerte, pero también tener debilidades.
- Ayuda al niño a ver que es diferente pero que eso es algo bueno.

¿QUÉ OTRAS ACTIVIDADES HAY SEMEJANTES A ÉSTA?

- Hable con su niño de semejanzas y de diferencias:
    - entre adultos
    - entre niños

    "Sus piernas son mucho más largas que las mías."
- Puede hacerlo a cualquier hora del día.
- Hable de las diferencias.

    "Yo estoy vestida de rojo, y tú tienes calcetines azules."

    "Ella está usando la mano izquierda y yo estoy usando la mano derecha."
- Hable de las cosas parecidas.

    "Kayla es más alta que tú, pero las dos son niñas."
- Busque actividades especiales para las habilidades especiales de su niño.

Esta hoja forma parte de una serie sobre
AMOR PROPIO
desarrollada por Washburn Child Guidance Center, mediante una donación de la iniciativa de la comunidad, Success by 6,® del United Way of Minneapolis Area.

Asuntos cotidianos ©1997 AGS® American Guidance Service, Inc. Circle Pines, MN 55014-1796

Se permite reproducir esta actividad.

SELF-ESTEEM

HERE'S AN ACTIVITY TO DO WITH YOUR CHILD

Active listening

1 When you and your child are having a fight, STOP and listen to your child.

2 Repeat back to him/her what you hear.
"You sound very angry."

3 Check to see if you heard right.
"Is that how you feel?"

WHY IS THIS IMPORTANT FOR MY CHILD?

- Helps child learn to name his/her feelings and know that someone will listen.
- Helps parent know what child is feeling.
- Helps child see that others can listen in a hard time.
- Helps begin problem solving.
- Helps understand feelings.
    "Oh, you are sad. I thought you were angry."

WHAT ARE SOME OTHER ACTIVITIES LIKE THIS?

- In a calm time, talk about feelings.
- Let child know that you have feelings.
- Talk about different things a person can do when he/she is angry.
- Give your child feeling words he/she can use.
    "When you are angry, you can say . . . "
- Help your child find good ways to express feelings.
    "It's OK to have feelings. Here is something you can do when you are feeling so angry."
- Work on ways you express your feelings.
    - What are ways you let out your anger?
    - How do you cool off?
        - Breathe deeply.
        - Count to ten.

This sheet is part of a series on
SELF-ESTEEM
developed by Washburn Child Guidance Center under a grant from the United Way of Minneapolis Area's Success By 6® community initiative.
EveryDay Matters ©1997 AGS® American Guidance Service, Inc.
Permission is granted to reproduce this activity.

AMOR PROPIO

AQUÍ HAY UNA ACTIVIDAD QUE PUEDE HACER CON SU NIÑO

Escuchando activamente

Cuando usted y su niño se pelean, PARE y escuche a su niño.

Repítale lo que usted oye.
"Suenas como si estuvieras muy enojado."

Confirme que escuchó correctamente.
"¿Así te sientes?"

¿POR QUÉ ES IMPORTANTE PARA MI NIÑO?

- Ayuda al niño a hablar de sus sentimientos y saber que alguien está escuchando.
- Ayuda a los padres a saber lo que siente el niño.
- Ayuda al niño a ver que la gente puede escuchar aún en tiempos difíciles.
- Ayuda el proceso de resolución de problemas.
- Ayuda al niño a entender sus sentimientos.
  "Oh, estás triste. Pensaba que estabas enojado."

¿QUÉ OTRAS ACTIVIDADES HAY SEMEJANTES A ÉSTA?

- Cuando todo esté calmado, hable de sentimientos.
- Asegure a su niño que usted también tiene sentimientos.
- Hable de lo que una persona puede hacer cuando está enojada.
- Déle a su niño las palabras necesarias.
  "Cuando estás enojado, puedes decir..."
- Ayude a su niño encontrar maneras positivas de expresar sus sentimientos.
  "Está bien tener sentimientos. Esto es algo que puedes hacer cuando te sientes muy enojado."
- Practique diferentes maneras de expresar los sentimientos.
  - ¿Cómo expresa su enojo?
  - ¿Cómo se calma?:
    - Respirar profundamente.
    - Contar hasta diez.

Esta hoja forma parte de una serie sobre
AMOR PROPIO
desarrollada por Washburn Child Guidance Center, mediante una donación de la iniciativa de la comunidad, Success by 6,® del United Way of Minneapolis Area.

Asuntos cotidianos ©1997 AGS® American Guidance Service, Inc. Circle Pines, MN 55014-1796

Se permite reproducir esta actividad.

LANGUAGE DEVELOPMENT
EveryDay Matters

I help my child learn to listen and talk well.

Today I find a few minutes to read to my child.

One way to use these activity sheets is to stick one up on your refrigerator door.

Your child is growing in many ways every day.

Every child needs practice learning how to listen and how to talk. Children learn from hearing others talk and from trying to use words themselves.

These activities are to help you help your child learn these things.

SET POSITIVE LIMITS

Try telling your child what to do rather than what not to do.

In some activities, it may be important to set limits (or rules). Example:

"Let's put all the socks here."

"You can pick out three books."

"You can use words to tell Rosa."

Children and adults often respond better to **do** than to **don't**. Try it. See how it works for you.

PRAISE YOUR CHILD

Growing up is hard work. It is important to remember to praise your child for the efforts he/she is making.

At the end of each activity, tell your child something good. Examples:

"I like playing dress-up with you."

"You are a big help shopping."

"Wow, what a great job you did playing telephone."

And remember to praise yourself. You are working hard at this, too!

This sheet is part of a series on
LANGUAGE DEVELOPMENT
developed by Washburn Child Guidance Center under a grant from the United Way of Minneapolis Area's Success By 6® community initiative.
EveryDay Matters ©1997 AGS® American Guidance Service, Inc.
Permission is granted to reproduce this activity.

DESARROLLO DE LENGUA
Asuntos cotidianos

Le ayudo a mi niño a aprender a escuchar y hablar bien.

Hoy encuentro unos minutos para leer a mi niño.

Una manera de usar estas hojas de actividades es pegarlas en la puerta de su refrigerador.

Su niño crece en diferentes maneras cada día.

Cada niño necesita práctica en aprender a escuchar y hablar. Los niños aprenden cuando escuchan a otros hablando y cuando tratan de usar palabras ellos mismos.

Estas actividades le ayudarán a usted a ayudar a su niño a aprender estas cosas.

ESTABLEZCA LÍMITES POSITIVOS

Haga la prueba diciendo a su niño lo que debe hacer en vez de lo que no debe hacer.

Puede ser importante establecer límites (o reglas) en algunas actividades. Ejemplo:

"Pongamos todos los calcetines aquí."

"Puedes escoger tres libros."

"Puedes usar palabras para decirle algo a Rosa."

Los niños así como los adultos muchas veces responden mejor a **haz** que a **no hagas.** Haga la prueba. Vea como funciona para usted.

ALABE A SU NIÑO

El crecer significa bastante trabajo. Es importante recordar que debe alabar a su niño por el esfuerzo que está haciendo.

Dígale algo bueno a su niño al completar cada actividad. Ejemplos:

"Me gusta jugar disfraces contigo."

"Eres una gran ayuda cuando voy de compras."

"¡Excelente!" *"¡Jugaste muy bien con el teléfono!"*

Y recuerde alabarse a sí mismo. ¡Usted está trabajando duro también!

Esta hoja forma parte de una serie sobre
DESARROLLO DE LENGUA

desarrollada por Washburn Child Guidance Center, mediante una donación de la iniciativa de la comunidad, Success by 6,® del United Way of Minneapolis Area.
Asuntos cotidianos ©1997 AGS® American Guidance Service, Inc. Circle Pines, MN 55014-1796
Se permite reproducir esta actividad.

LANGUAGE DEVELOPMENT

HERE'S AN ACTIVITY TO DO WITH YOUR CHILD

Singing songs

Songs are a way to have fun with words.
"Twinkle, twinkle little star . . ."

Songs can be made up.
"This is the way we set the table, set the table, set the table . . ."

Songs can be soothing.

WHY IS THIS IMPORTANT FOR MY CHILD?

- Helps child learn to listen.
- Helps child learn remembering.
- Singing can make hard things fun.

WHAT ARE SOME OTHER ACTIVITIES LIKE THIS?

Your child may need an activity that is easier or harder. Once a child can do an activity, it is helpful to move on to a little harder one.

EASIER ACTIVITY

- Sing to your infant.

HARDER ACTIVITIES

- Sing longer, harder songs.
- Ask your child to make up a song.
- Help your child learn nursery rhymes.
- Use songs that have actions (finger plays).
- Act out songs.
- Draw pictures with songs.

This sheet is part of a series on
LANGUAGE DEVELOPMENT
developed by Washburn Child Guidance Center under a grant from the United Way of Minneapolis Area's Success By 6® community initiative.
EveryDay Matters ©1997 AGS® American Guidance Service, Inc.
Permission is granted to reproduce this activity.

DESARROLLO DE LENGUA

AQUÍ HAY UNA ACTIVIDAD QUE PUEDE HACER CON SU NIÑO

Cantar canciones

1

Las canciones son una manera de divertirse con palabras.

"Doña Blanca está cubierta . . ."

2

Puede inventar una canción.

"Así se pone una mesa..."

3

Las canciones pueden calmar.

¿POR QUÉ ES IMPORTANTE PARA MI NIÑO?

- Ayuda al niño a aprender a escuchar.
- Ayuda al niño a aprender a recordar.
- Las cosas difíciles se hacen más fáciles cantando.

¿QUÉ OTRAS ACTIVIDADES HAY SEMEJANTES A ÉSTA?

Su niño puede necesitar una actividad más fácil o más difícil. Una vez que su niño pueda hacer una actividad, es mejor que le dé otra un poco más difícil.

ACTIVIDAD MÁS FÁCIL

- Cántele a su bebé.

ACTIVIDADES MÁS DIFÍCILES

- Cante canciones más largas y más difíciles.
- Pídale a su niño que invente una canción.
- Ayúdele a su niño aprender versos infantiles.
- Use canciones que contengan acciones (juegos con dedos).
- Haga pantomimas de las canciones.
- Dibuje con las canciones.

Esta hoja forma parte de una serie sobre
DESARROLLO DE LENGUA
desarrollada por Washburn Child Guidance Center, mediante una donación de la iniciativa de la comunidad, Success by 6,® del United Way of Minneapolis Area.

Asuntos cotidianos ©1997 AGS® American Guidance Service, Inc. Circle Pines, MN 55014-1796

Se permite reproducir esta actividad.

LANGUAGE DEVELOPMENT

HERE'S AN ACTIVITY TO DO WITH YOUR CHILD

Pretending

(To get started, see list of things below.)

1

Let your child try on some grown-ups' clothes.

"Let's pretend we are going to shop. You're the mommy."

2

Pretend you are going on a trip with your child. Two chairs can be an airplane. Take off.

3

Playing dress-up can be a way to practice sharing feelings.

WHAT DO I NEED TO GET STARTED?

- For pretend play, save old
    - shoes
    - scarves
    - hats
    - purses
    - aprons
    - shiny fabrics
- Or ask friends or relatives for things they don't need.
- Or buy these things used.

WHY IS THIS IMPORTANT FOR MY CHILD?

- Helps child learn to pretend.
- Helps child learn new ways to act.
- Helps child talk about feelings.
- Helps child learn what different people do for work.
- Helps child learn how to play with another person.

WHAT ARE SOME OTHER ACTIVITIES LIKE THIS?

Your child may need an activity that is easier or harder. Once a child can do an activity, it is helpful to move on to a little harder one.

EASIER ACTIVITY

- Have your child copy a grown up using phone, cooking, or getting dressed.

HARDER ACTIVITIES

- Act out a story with your child.
- Pretend something from TV.
- Give your child a role to play.
    "You be the firefighter."
- Switch roles.
    "You be the mama. I'll be the child."
- Use props—boxes, blocks, things around the house.

This sheet is part of a series on
LANGUAGE DEVELOPMENT
developed by Washburn Child Guidance Center under a grant from the United Way of Minneapolis Area's Success By 6® community initiative.
EveryDay Matters ©1997 AGS® American Guidance Service, Inc.
Permission is granted to reproduce this activity.

DESARROLLO DE LENGUA

AQUÍ HAY UNA ACTIVIDAD QUE PUEDE HACER CON SU NIÑO

Juegue con disfraces

(Para empezar, vea la lista de abajo.)

1

Deje que su niño se ponga ropa de adulto.
"Vamos a jugar que vamos de compras. Tú eres la mamá."

2

Juegue con su niño como si fuera a ir de viaje. Dos sillas pueden ser un avión. ¡Despegue!

3

Jugar con disfraces puede ser una manera de practicar como expresar sus sentimientos.

¿QUÉ NECESITO PARA EMPEZAR?

Para jugar con disfraces, guarde la ropa vieja:

- zapatos
- bufandas
- sombreros
- bolsas de mano
- delantales
- telas brillantes

- O pídale a sus amigos o parientes que le den cosas que ya no necesitan.
- O compre estas cosas usadas.

¿POR QUÉ ES IMPORTANTE PARA MI NIÑO?

- Ayuda al niño a usar su imaginación.
- Ayuda al niño a aprender nuevas maneras de conducirse.
- Ayuda al niño a hablar de sus sentimientos.
- Ayuda al niño a aprender lo que diferentes personas hacen en su trabajo.
- Ayuda al niño a aprender como jugar con otros.

¿QUÉ OTRAS ACTIVIDADES HAY SEMEJANTES A ÉSTA?

Su niño puede necesitar una actividad más fácil o más difícil. Una vez que el niño pueda hacer una actividad, es mejor que le dé otra más difícil.

ACTIVIDAD MÁS FÁCIL

El niño puede imitar a un adulto usando el teléfono, cocinando, o vistiéndose.

ACTIVIDADES MÁS DIFÍCILES

- Haga teatro de un cuento con su niño.
- Imagínese algo de la televisión.
- Déle al niño un papel a desempeñar.
    "Tú eres el bombero."
- Cambie los papeles.
    "Tú eres mamá, yo soy la niña."
- Utilice accesorios—cajas, cubos, objetos en la casa.

Esta hoja forma parte de una serie sobre
DESARROLLO DE LENGUA
desarrollada por Washburn Child Guidance Center, mediante una donación de la iniciativa de la comunidad, Success by 6,® del United Way of Minneapolis Area.

Asuntos cotidianos ©1997 AGS® American Guidance Service, Inc. Circle Pines, MN 55014-1796

Se permite reproducir esta actividad.

LANGUAGE DEVELOPMENT

HERE'S AN ACTIVITY TO DO WITH YOUR CHILD

Talk about groups of things

1

As you sort your wash, talk about groups of things.
"Let's put all the socks here."

2

As you shop, talk about groups of things.
"We can buy some fruit."
"Let's look at the meat."

3

Put two different groups of things together. Ask your child to sort them.

WHY IS THIS IMPORTANT FOR MY CHILD?

- Helps child learn words for things.
- Helps child learn about same and different.
- Helps child learn what things are used for.
- Helps child get ready for school by learning to plan and organize.

WHAT ARE SOME OTHER ACTIVITIES LIKE THIS?

Your child may need an activity that is easier or harder. Once a child can do an activity, it is helpful to move on to a little harder one.

EASIER ACTIVITY

- Sort things. Let your child put them in basket.

HARDER ACTIVITIES

- Let your child do the sorting.
- Sort recycling things.
- Sort by:
    - color
    - shape
    - size
- Sort other things such as:
    - toys
    - clothes
    - canned goods
    - utensils
    - photos

This sheet is part of a series on
LANGUAGE DEVELOPMENT
developed by Washburn Child Guidance Center under a grant from the United Way of Minneapolis Area's Success By 6® community initiative.
EveryDay Matters ©1997 AGS® American Guidance Service, Inc.
Permission is granted to reproduce this activity.

DESARROLLO DE LENGUA

AQUÍ HAY UNA ACTIVIDAD QUE PUEDE HACER CON SU NIÑO

Hable de grupos de cosas

Cuando divida la ropa para lavar, hable de grupos de cosas.
"Pongamos todos los calcetines aquí."

Cuando va de compras, hable de grupos de cosas.
"Podemos comprar fruta."
"Vamos a ver la carne."

Junte dos grupos de objetos. Pídale a su niño que los separe.

¿POR QUÉ ES IMPORTANTE PARA MI NIÑO?

- Ayuda al niño a aprender las palabras para diferentes cosas.
- Ayuda al niño a aprender los conceptos de mismo y diferente.
- Ayuda al niño a aprender para qué se usan las cosas.
- Ayuda al niño a prepararse para la escuela, aprendiendo como planear y organizar.

¿QUÉ OTRAS ACTIVIDADES HAY SEMEJANTES A ÉSTA?

Su niño puede necesitar una actividad más fácil o más difícil. Una vez que el niño pueda hacer una actividad, es mejor darle otra un poco más difícil.

ACTIVIDAD MÁS FÁCIL

- Separe unas cosas. Permita que su niño las ponga en una canasta.

ACTIVIDADES MÁS DIFÍCILES

- Permita que el niño separe los objetos.
- Separe objetos reciclados.
- Sepárelos por:
  - color
  - forma
  - tamaño
- Otros objetos que puede separar:
  - juguetes
  - ropa
  - comida en lata
  - utensilios
  - fotos

Esta hoja forma parte de una serie sobre
DESARROLLO DE LENGUA
desarrollada por Washburn Child Guidance Center, mediante una donación de la iniciativa de la comunidad, Success by 6,® del United Way of Minneapolis Area.

Asuntos cotidianos ©1997 AGS® American Guidance Service, Inc. Circle Pines, MN 55014-1796

Se permite reproducir esta actividad.

LANGUAGE DEVELOPMENT

HERE'S AN ACTIVITY TO DO WITH YOUR CHILD

Talk about the way we feel

"You are sooo hungry."

Your child has feelings long before he/she can talk. Help him/her learn to name being wet, tired, hungry.

As a child gets older, help him/her learn names for other feelings.

"You are so sad when grandma has to leave."

WHY IS THIS IMPORTANT FOR MY CHILD?

- Helps child learn words for feelings.
- Helps child understand his/her own feelings.
- Helps child learn to use words and not actions you don't like.
- Helps child feel better about himself/herself.
- Helps child understand how other people feel.

WHAT ARE SOME OTHER ACTIVITIES LIKE THIS?

Your child may need an activity that is easier or harder. Once a child can do an activity, it is helpful to move on to a little harder one.

EASIER ACTIVITY

- Look at pictures. Talk about what feelings are shown.

HARDER ACTIVITIES

- Talk about how other people feel.
- Talk about what people do when they feel sad, happy, angry.
- Show how you feel when you are sad, angry, excited.
- Pretend different feelings.
    "Show what mad looks like."
    "Show me sad."
- Make masks with paper plates. Make each show a different feeling.
- Listen to different music. Talk about whether it is happy or sad.
- Get books from the library that talk about feelings.
- Expect your child to use words to tell you about feelings.
- Give your child ideas of how to express anger appropriately.

This sheet is part of a series on
LANGUAGE DEVELOPMENT
developed by Washburn Child Guidance Center under a grant from the United Way of Minneapolis Area's Success By 6® community initiative.
EveryDay Matters ©1997 AGS® American Guidance Service, Inc.
Permission is granted to reproduce this activity.

DESARROLLO DE LENGUA

AQUÍ HAY UNA ACTIVIDAD QUE PUEDE HACER CON SU NIÑO

Hablando de como nos sentimos

1

"Tienes tanta hambre."

Su bebé tiene sentimientos mucho antes de que pueda hablar. Ayúdele a su niño a decir cuando está mojado, cansado, cuando tiene hambre.

2

Tú estás contento esta mañana.

Como va creciendo un niño, es útil ayudar al niño a aprender los nombres para otros sentimientos.

3

"Te pones tan triste cuando se tiene que ir tu abuelita."

¿POR QUÉ ES IMPORTANTE PARA MI NIÑO?

- Ayuda al niño a aprender a poner nombres a sus sentimientos.
- Ayuda al niño a entender sus propios sentimientos.
- Ayuda al niño a aprender a usar palabras y no usar conducta que a usted no le gusta.
- Ayuda al niño a sentirse mejor de sí mismo.
- Ayuda al niño a entender como se sienten otras personas.

¿QUÉ OTRAS ACTIVIDADES HAY SEMEJANTES A ÉSTA?

Puede ser que su niño necesita una actividad más fácil o más difícil. Una vez que el niño pueda hacer una actividad, es mejor darle otra un poco más difícil.

UNA ACTIVIDAD MÁS FÁCIL

- Mire unos dibujos. Hable de los sentimientos que se ve.

ACTIVIDADES MÁS DIFÍCILES

- Hable de como se sienten otras personas.
- Hable de lo que hace la gente cuando se siente triste, feliz, enojada.
- Muestre como se siente usted cuando está triste, enojado, entusiasmado.
- Juegue a mostrar diferentes sentimientos.
    "Enséñame como se ve el enojo."
    "Enséñame triste."
- Construya máscaras con platos de cartón. Haga que cada una muestre un sentimiento diferente.
- Escuche música diferente. Hable de que si es música feliz o triste.
- Consiga libros de la biblioteca que hablan de sentimientos.
- Espere que su niño use palabras para decirle a usted como se siente.
- Déle unas ideas a su niño de como expresar enojo apropiadamente.

Esta hoja forma parte de una serie sobre
DESARROLLO DE LENGUA
desarrollada por Washburn Child Guidance Center, mediante una donación de la iniciativa de la comunidad, Success by 6,® del United Way of Minneapolis Area.

Asuntos cotidianos ©1997 AGS® American Guidance Service, Inc. Circle Pines, MN 55014-1796

Se permite reproducir esta actividad.

LANGUAGE DEVELOPMENT

HERE'S AN ACTIVITY TO DO WITH YOUR CHILD

Using words

1

You can help your child hear correct words by repeating back to them.

"Juice. You want juice. Susan says, 'I want juice.'"

2

You can give your child helpful words.

"Rosa, you can say, 'I'm playing with this. It's my turn.'"

3

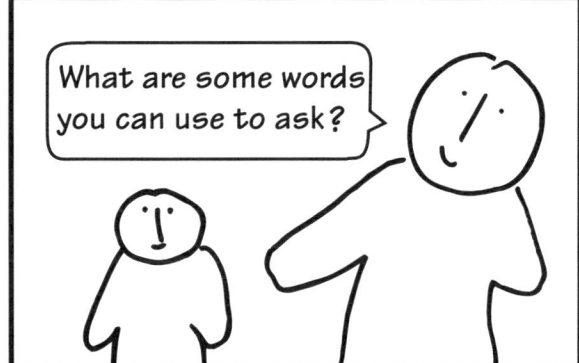

You can help your child learn how to ask for help.

WHY IS THIS IMPORTANT FOR MY CHILD?

- Helps child learn to use words to get needs met.
- Helps child learn how to get along.
- Helps child learn how to express ideas, feelings.
- Helps child learn to use words instead of less acceptable actions.

WHAT ARE SOME OTHER ACTIVITIES LIKE THIS?

Your child may need an activity that is easier or harder. Once a child can do an activity, it is helpful to move on to a little harder one.

EASIER ACTIVITIES

- Name things for your child.
    "This is cereal."
- Talk about what you are doing.
    "I'm getting ready to go to the store."
- Smile and listen when your child says anything.

HARDER ACTIVITIES

- Ask your child:
    *"What would you say if . . .
        you want a drink.
        you were angry?"*
- Give your child tips on how to use words.
    "Use words to tell Carl . . ."
    "Is there a way to use words?"

This sheet is part of a series on
LANGUAGE DEVELOPMENT
developed by Washburn Child Guidance Center under a grant from the United Way of Minneapolis Area's Success By 6® community initiative.
EveryDay Matters ©1997 AGS® American Guidance Service, Inc.
Permission is granted to reproduce this activity.

DESARROLLO DE LENGUA

AQUÍ HAY UNA ACTIVIDAD QUE PUEDE HACER CON SU NIÑO

Usando palabras

1

Le puede ayudar a su niño a oír palabras correctas si se las repite.
"Jugo. Quieres jugo. Susan dice, "Quiero jugo.""

2

Le puede dar a su niño palabras útiles.
"Rosa, tú puedes decir, 'Estoy jugando con esto. Me toca a mí.' "

3

Usted puede ayudar a su niño a aprender a pedir ayuda.

¿POR QUÉ ES IMPORTANTE PARA MI NIÑO?

- Ayuda al niño a aprender a usar palabras para sus necesidades.
- Ayuda al niño a aprender como sentirse bien con otros.
- Ayuda al niño a aprender a expresar sus ideas, sus sentimientos.
- Ayuda al niño a aprender a usar palabras en vez de conducta menos aceptable.

¿QUÉ OTRAS ACTIVIDADES HAY SEMEJANTES A ÉSTA?

Su niño puede necesitar una actividad más fácil o más difícil. Una vez que el niño pueda hacer una actividad, es mejor darle otra un poco más difícil.

ACTIVIDADES MÁS FÁCILES

- Dígale a su niño los nombres para diferentes cosas.
    "Esto es cereal."
- Hable de lo que está haciendo.
    "Me estoy poniendo lista para ir a la tienda."
- Cuando su niño diga algo, sonría y escuche lo que dice.

ACTIVIDADES MÁS DIFÍCILES

- Pregúntele a su niño:
    "¿Que dices si . . .
        quieres algo para tomar?
        estás enojado?"
- Déle consejos a su niño para como usar palabras.
    "Usa palabras para decirle a Carl . . . "
    "¿Hay alguna manera de usar palabras?"

Esta hoja forma parte de una serie sobre
DESARROLLO DE LENGUA
desarrollada por Washburn Child Guidance Center, mediante una donación de la iniciativa de la comunidad, Success by 6,® del United Way of Minneapolis Area.

Asuntos cotidianos ©1997 AGS® American Guidance Service, Inc. Circle Pines, MN 55014-1796

Se permite reproducir esta actividad.

LANGUAGE DEVELOPMENT

HERE'S AN ACTIVITY TO DO WITH YOUR CHILD

Play telephone

(To get started, see list of things below.)

Playing telephone is an easy way to practice talking.
"Ring-ring. Who do you think it is?"

It's a fun way to learn pretend play.
"Oh, it's Bert and Ernie. They are coming for lunch."

It's a way to practice remembering.
"Who's coming for lunch?"

WHAT DO I NEED TO GET STARTED?

- play telephone
- or use
    - a block
    - a small box
    - your hand

WHY IS THIS IMPORTANT FOR MY CHILD?

- Helps child learn to listen.
- Helps child learn to speak.
- Helps child learn to speak to other people.
- Helps child learn remembering.
- Helps child learn about feelings.

WHAT ARE SOME OTHER ACTIVITIES LIKE THIS?

Your child may need an activity that is easier or harder. Once a child can do an activity, it is helpful to move on to a little harder one.

EASIER ACTIVITIES

- Say hello or bye-bye.
- Give your child a chance to listen on a real phone.

HARDER ACTIVITIES

- Your child can learn how to use phone.
- Your child can learn how to dial your own number and 911.
- Your child can learn to remember what was said to tell someone else.
- Your child can answer questions about what was discussed.

This sheet is part of a series on
LANGUAGE DEVELOPMENT
developed by Washburn Child Guidance Center under a grant from the United Way of Minneapolis Area's Success By 6® community initiative.
EveryDay Matters ©1997 AGS® American Guidance Service, Inc.
Permission is granted to reproduce this activity.

DESARROLLO DE LENGUA

AQUÍ HAY UNA ACTIVIDAD QUE PUEDE HACER SON SU NIÑO

Jugando con el teléfono

(Para empezar, vea la lista de abajo.)

1

Jugar con el teléfono es una manera fácil de practicar como hablar.

"Rin-rin. ¿Quién crees que es?"

2

Es una manera divertida de aprender a jugar juegos de imaginación.

"Oh, es Bert y Ernie. ¿Vienen para el almuerzo?"

3

Es un método de practicar como recordar algo.

"¿Quién viene a almorzar?"

¿QUÉ NECESITO PARA EMPEZAR?

- teléfono de juguete
- o utilice
    - un cubo
    - una cajita
    - su mano

¿POR QUÉ ES IMPORTANTE PARA MI NIÑO?

- Ayuda al niño a aprender a escuchar.
- Ayuda al niño a aprender a hablar.
- Ayuda al niño a aprender a hablar con otras personas.
- Ayuda al niño a aprender como recordarse de algo.
- Ayuda al niño a aprender acerca de los sentimientos.

¿QUÉ OTRAS ACTIVIDADES HAY SEMEJANTES A ÉSTA?

Su niño puede necesitar una actividad más fácil o más difícil. Una vez que el niño pueda hacer una actividad, es mejor darle otra un poco más difícil.

ACTIVIDADES MÁS FÁCILES

- Nada más diga hola o adiós.
- Déle al niño la oportunidad de escuchar por un teléfono de veras.

ACTIVIDADES MÁS DIFÍCILES

- El niño puede aprender a usar el teléfono.
- El niño puede aprender a marcar su propio número de teléfono y el de 911.
- El niño puede aprender a recordar lo que se dijo para decírselo a otra persona.
- El niño puede dar respuestas a preguntas sobre lo que se discutió.

Esta hoja forma parte de una serie sobre
DESARROLLO DE LENGUA
desarrollada por Washburn Child Guidance Center, mediante una donación de la iniciativa de la comunidad, Success by 6,® del United Way of Minneapolis Area.

Asuntos cotidianos ©1997 AGS® American Guidance Service, Inc. Circle Pines, MN 55014-1796

Se permite reproducir esta actividad.

LANGUAGE DEVELOPMENT

HERE'S AN ACTIVITY TO DO WITH YOUR CHILD

Talk about what we see

1

Hold a mirror in front of your child. Talk about what you see.
"I see Robby. There's his nose!"

2

Look out a window together. Talk about what you see.
"Do you see the girl running?"

3

Share a special place with your child.
"I know a playground with a big slide."

WHY IS THIS IMPORTANT FOR MY CHILD?

- Helps child notice what is around.
- Helps child put words to what he/she sees.
- Helps child learn more words.
- Helps child get ready for school.

WHAT ARE SOME OTHER ACTIVITIES LIKE THIS?

Your child may need an activity that is easier or harder. Once a child can do an activity, it is helpful to move on to a little harder one.

EASIER ACTIVITIES

- Name simple things.
    "Nose."
    "Bear."
- Talk to your child:
    - at bedtime
    - at feeding times
    - when getting dressed
    - while playing in bathtub
    - when changing diapers

HARDER ACTIVITIES

- Talk about more things.
    "The boy is running. Others are walking."
- Play guessing games.
    "I'm thinking of something blue."
- Ask harder questions.
    "Where do you think the boy is going?"
    "Can you find three red things?"

This sheet is part of a series on
LANGUAGE DEVELOPMENT
developed by Washburn Child Guidance Center under a grant from the United Way of Minneapolis Area's Success By 6® community initiative.
EveryDay Matters ©1997 AGS® American Guidance Service, Inc.
Permission is granted to reproduce this activity.

DESARROLLO DE LENGUA

AQUÍ HAY UNA ACTIVIDAD QUE PUEDE HACER CON SU NIÑO

Hablando de lo que vemos

1

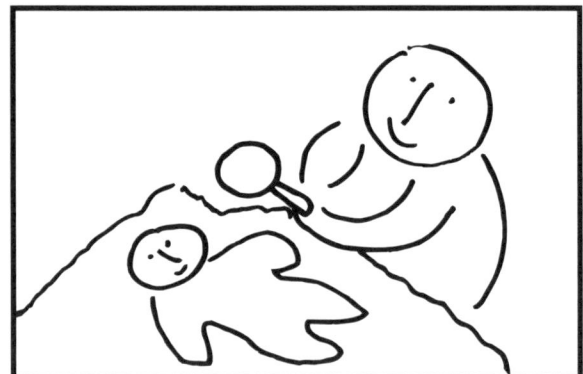

Sostenga un espejo enfrente de su niño. Háblele de lo que ve.
"Veo a Robby. ¡Allí está su nariz!"

2

Mire por la ventana junto con su niño. Hable de lo que ve.
"¿Puedes ver la niña corriendo?"

3

Vaya a un lugar especial con su niño.
"Conozco un parque para niños con un resbaladero grande."

¿POR QUÉ ES IMPORTANTE PARA MI NIÑO?

- Ayuda al niño a darse cuenta de sus alrededores.
- Ayuda al niño a poner palabras a lo que ve.
- Ayuda al niño a aprender más palabras.
- Ayuda al niño a prepararse para ir a la escuela.

¿QUÉ OTRAS ACTIVIDADES HAY SEMEJANTES A ÉSTA?

Su niño puede necesitar una actividad más fácil o más difícil. Una vez que el niño pueda hacer una actividad, es mejor darle otra un poco más difícil.

ACTIVIDADES MÁS FÁCILES

- Nombre cosas sencillas.
    "Nariz."
    "Oso."
- Hable con su niño:
    - a la hora de dormir
    - a la hora de comer
    - cuando se está vistiendo
    - mientras juega en la tina
    - cuando le cambia los pañales

ACTIVIDADES MÁS DIFÍCILES

- Hable de más cosas.
    "Ese niño está corriendo, otros niños están caminando."
- Juegue un juego de adivinanzas.
    "Estoy pensando en algo azul."
- Haga preguntas más difíciles.
    "¿A dónde piensas que va ese niño?"
    "¿Puedes encontrar tres cosas rojas?"

Esta hoja forma parte de una serie sobre
DESARROLLO DE LENGUA
desarrollada por Washburn Child Guidance Center, mediante una donación de la iniciativa de la comunidad, Success by 6,® del United Way of Minneapolis Area.

Asuntos cotidianos ©1997 AGS® American Guidance Service, Inc. Circle Pines, MN 55014-1796

Se permite reproducir esta actividad.

LANGUAGE DEVELOPMENT

HERE'S AN ACTIVITY TO DO WITH YOUR CHILD

Talk about what comes first

When putting on socks and shoes, talk about what comes first.
"Now we can put your shoes on."

When making a sandwich, talk about what comes first.
"First, we need a piece of bread."

Tell a simple story to your child. Help him/her practice telling you what happened first.

WHY IS THIS IMPORTANT FOR MY CHILD?

- Helps child learn to count.
- Helps child learn order.
- Helps child understand how things are used.
- Helps child get ready for school.
- Helps child learn which events follow other events.

WHAT ARE SOME OTHER ACTIVITIES LIKE THIS?

Your child may need an activity that is easier or harder. Once a child can do an activity, it is helpful to move on to a little harder one.

EASIER ACTIVITY

- Naming things.
    "Here's the bread."
    "To get dressed, we need socks."

HARDER ACTIVITIES

- Ask your child what comes first.
- Increase the number of things to put in order.
- Sort by size, from little to big:
    - people
    - animals
    - buttons
    - boxes
- Give child simple series of instructions:
    "First put on your socks, then put on your shoes."

This sheet is part of a series on
LANGUAGE DEVELOPMENT
developed by Washburn Child Guidance Center under a grant from the United Way of Minneapolis Area's Success By 6® community initiative.
EveryDay Matters ©1997 AGS® American Guidance Service, Inc.
Permission is granted to reproduce this activity.

DESARROLLO DE LENGUA

AQUÍ HAY UNA ACTIVIDAD QUE PUEDE HACER CON SU NIÑO

Hable de lo que viene primero

1

Mientras le pone los calcetines y zapatos a su niño, hable de lo que se pone primero.
"Ahora podemos ponerte los zapatos."

2

Al hacer un emparedado, hable de lo que viene primero.
"Primero, necesitamos una rebanada de pan."

3

Dígale un cuento sencillo a su niño. Ayúdele a practicar como recontar lo que pasó primero.

¿POR QUÉ ES IMPORTANTE PARA MI NIÑO?

- Ayuda al niño a aprender a contar.
- Ayuda al niño a aprender a poner cosas en orden.
- Ayuda al niño a entender como se utilizan diferentes cosas.
- Ayuda al niño a prepararse para ir a la escuela.
- Ayuda al niño a aprender qué eventos siguen a otros.

¿QUÉ OTRAS ACTIVIDADES HAY SEMEJANTES A ÉSTA?

Su niño puede necesitar una actividad más fácil o más difícil. Una vez que el niño pueda hacer una actividad, es mejor darle otra un poco más difícil.

ACTIVIDAD MÁS FÁCIL

- Nombrando cosas.
    "Aquí está el pan."
    "Para poder vestirnos, necesitamos calcetines."

ACTIVIDADES MÁS DIFÍCILES

- Pregúntele al niño qué viene primero.
- Aumente el número de cosas que tiene que poner en orden.
- Separe por tamaño, de grande a pequeño:
    - gente
    - animales
    - botones
    - cajas
- Déle al niño una serie de instrucciones sencillas:
    "Primero, ponte los calcetines, luego ponte los zapatos."

Esta hoja forma parte de una serie sobre
DESARROLLO DE LENGUA
desarrollada por Washburn Child Guidance Center, mediante una donación de la iniciativa de la comunidad, Success by 6,® del United Way of Minneapolis Area.

Asuntos cotidianos ©1997 AGS® American Guidance Service, Inc. Circle Pines, MN 55014-1796

Se permite reproducir esta actividad.

LANGUAGE DEVELOPMENT

HERE'S AN ACTIVITY TO DO WITH YOUR CHILD

Talk about where things are

1

As you make supper, talk about where things are.

*"I'm putting the soup **in** the pot."*

2

As you and your child get dressed, talk about where things are.

*"My shirt is **next to** my pants."*

3

As you go shopping, talk about where things are.

*"That bus is **in front of** the red car."*

WHY IS THIS IMPORTANT FOR MY CHILD?

- Helps child learn new words that tell about things.
- Helps child learn to follow directions.
- Helps child look at details.
- Helps child learn to help self.

WHAT ARE SOME OTHER ACTIVITIES LIKE THIS?

Your child may need an activity that is easier or harder. Once a child can do an activity, it is helpful to move on to a little harder one.

EASIER ACTIVITIES

- Simply label things.
    "There's the bus."
    "That's a cup."

- Ask your child to point to what you are naming.
    "Where's the shirt?"
    "Show me the bus."

HARDER ACTIVITIES

- Ask your child to put one thing **next to** another thing or put one thing **on top of** another thing.
- Make a pile of things. Ask your child which one is on top.

This sheet is part of a series on
LANGUAGE DEVELOPMENT
developed by Washburn Child Guidance Center under a grant from the United Way of Minneapolis Area's Success By 6® community initiative.
EveryDay Matters ©1997 AGS® American Guidance Service, Inc.
Permission is granted to reproduce this activity.

DESARROLLO DE LENGUA

AQUÍ HAY UNA ACTIVIDAD QUE PUEDE HACER CON SU NIÑO

Hable de donde están las cosas

1 **Al preparar la cena, hable de donde están varias cosas.**
*"Estoy poniendo la sopa **en** la olla."*

2 **Mientras que usted y su niño se visten, hable de donde están varias cosas.**
*"Mi camisa está **a un lado de** mis pantalones."*

3 **Cuando vaya a la tienda, hable de donde están las cosas.**
*"Ese autobús está **en frente del** auto rojo."*

¿POR QUÉ ES IMPORTANTE PARA MI NIÑO?

- Ayuda al niño a aprender palabras nuevas que hablan de cosas.
- Ayuda al niño a aprender a seguir direcciones.
- Ayuda al niño a ver detalles.
- Ayuda al niño a aprender a ayudarse a sí mismo.

¿QUÉ OTRAS ACTIVIDADES HAY SEMEJANTES A ÉSTA?

Su niño puede necesitar una actividad más fácil o más difícil. Una vez que el niño pueda hacer una actividad, es mejor darle otra un poco más difícil.

ACTIVIDADES MÁS FÁCILES

- Simplemente diga los nombres de objetos.
    "Allá está el autobús."
    "Eso es una taza."
- Pídale al niño que apunte a lo que usted está nombrando.
    "¿Dónde está la camisa?"
    "Enséñame el autobús."

ACTIVIDADES MÁS DIFÍCILES

- Pídale al niño que ponga una cosa **al lado de** o **encima de** otra.
- Haga un montón de cosas. Pregúntele al niño cual está encima.

Esta hoja forma parte de una serie sobre
DESARROLLO DE LENGUA
desarrollada por Washburn Child Guidance Center, mediante una donación de la iniciativa de la comunidad, Success by 6,® del United Way of Minneapolis Area.

Asuntos cotidianos ©1997 AGS® American Guidance Service, Inc. Circle Pines, MN 55014-1796

Se permite reproducir esta actividad.

LANGUAGE DEVELOPMENT

HERE'S AN ACTIVITY TO DO WITH YOUR CHILD

Learning to like books

(To get started, see list of things below.)

1 Show picture books to your child. Books with one picture on a page work best.

2 Finding even a few minutes to read to your child is important.

3 Visit the library with your child. Ask your child to pick out a few books.

WHAT DO I NEED TO GET STARTED?

- Talk to friend or relative for suggestions of books.
- Talk to a librarian.
- All kids are not the same. You may need to try different kinds of books to see what your child likes best.
- You don't need to read all the words. You can just talk about the pictures.

WHY IS THIS IMPORTANT FOR MY CHILD?

- Helps child learn prereading skills.
- Helps child learn listening.
- Helps child learn new words.
- Helps child learn about the world.
- Reading is a way to find out things.
- Reading can be a good, relaxing, warm time together.

WHAT ARE SOME OTHER ACTIVITIES LIKE THIS?

- Read cereal boxes, traffic signs.
- Play simple games.
- Make your own book—cut out and draw.
- Make up a story for your child.
- Ask your child to make up stories.
- Let your child have junk mail, catalogs.
- Look at the pictures, not the words, and make up story.
- Name the letters used in the book.
- Spend a special time each day looking at books (bedtime).

This sheet is part of a series on
LANGUAGE DEVELOPMENT
developed by Washburn Child Guidance Center under a grant from the United Way of Minneapolis Area's Success By 6® community initiative.
EveryDay Matters ©1997 AGS® American Guidance Service, Inc.
Permission is granted to reproduce this activity.

DESARROLLO DE LENGUA

AQUÍ HAY UNA ACTIVIDAD QUE PUEDE HACER CON SU NIÑO

Aprendiendo a disfrutar los libros

(Para empezar, vea la lasta de abajo.)

Muéstrele libros con dibujos a su niño. Libros con un sólo dibujo en cada página son los mejores.

Es importante que usted tome aunque sea unos cuantos minutos para leerle a su niño.

Vaya a la biblioteca con su niño. Pídale a su niño que escoja unos cuantos libros.

¿QUÉ NECESITO PARA EMPEZAR?
- Hable con amigos o con parientes para que le den sugerencias.
- Hable con la bibliotecaria.
- No todos los niños son iguales. Tal vez necesite hacer la prueba con diferentes tipos de libros para ver cual le va a gustar más a su niño.
- No es necesario que lea todas las palabras. Nada más tiene que hablar de los dibujos.

¿POR QUÉ ES IMPORTANTE PARA MI NIÑO?
- Ayuda al niño a adquirir las habilidades necesarias para aprender a leer.
- Ayuda al niño a aprender a escuchar.
- Ayuda al niño a aprender nuevas palabras.
- Ayuda al niño a aprender del mundo que lo rodea.
- Es bueno leer para aprender algo.
- Cuando lee con su niño, puede ser un tiempo relajante para los dos.

¿QUÉ OTRAS ACTIVIDADES HAY SEMEJANTES A ÉSTA?
- Lea cajas de cereal, señales de tránsito.
- Juega juegos sencillos.
- Confeccione su propio libro—recorte y dibuje.
- Invente un cuento para su niño.
- Pídale al niño que invente un cuento.
- Déle a su niño catálogos y correspondencia que usted no quiere.
- Mire los dibujos, no las palabras, e invente su propio cuento.
- Nombre las letras usadas en el libro.
- Haga tiempo cada día con su niño para ver algunos libros (a la hora de dormir).

Esta hoja forma parte de una serie sobre
DESARROLLO DE LENGUA
desarrollada por Washburn Child Guidance Center, mediante una donación de la iniciativa de la comunidad, Success by 6,® del United Way of Minneapolis Area.

Asuntos cotidianos ©1997 AGS® American Guidance Service, Inc. Circle Pines, MN 55014-1796

Se permite reproducir esta actividad.

COORDINATION DEVELOPMENT
EveryDay Matters

I help my child learn to use his/her body well.

Today I remember to praise my child.

One way to use these activity sheets is to stick one up on your refrigerator door.

Your child is growing in many ways every day.

Every child needs practice learning how to use his/her body. Children need practice building the large muscles in the arms and legs and the small muscles in the hands. They need practice making the eyes and muscles work together. That's coordination.

These activities are to help you help your child learn these things.

SET POSITIVE LIMITS

Try telling your child what to do rather than what not to do.

In some activities, it may be important to set limits (or rules). Example:

"The Play-Doh stays on the table."

"This is paper you can color on."

"The macaroni goes on the string or in the bowl."

Children and adults often respond better to **do** than to **don't**. Try it. See how it works for you.

PRAISE YOUR CHILD

Growing up is hard work. It is important to remember to praise your child for the efforts he/she is making.

At the end of each activity, tell your child something good. Examples:

"I like the way you work so hard trying to button."

"I like it when you pour so carefully."

"Wow, what a great job you did sorting those jars!"

And remember to praise yourself. You are working hard at this, too!

This sheet is part of a series on
COORDINATION DEVELOPMENT
developed by Washburn Child Guidance Center under a grant from the United Way of Minneapolis Area's Success By 6® community initiative.
EveryDay Matters ©1997 AGS® American Guidance Service, Inc.
Permission is granted to reproduce this activity.

DESARROLLO DE COORDINACIÓN
Asuntos cotidianos

Le ayudo a mi bebé a aprender a usar su cuerpo bien.

Hoy recuerdo que tengo que alabar a mi niño.

Una forma de utilizar estas hojas de actividades es pegarlas en la puerta de su refrigerador.

Su niño crece en diferentes maneras cada día.

Cada niño necesita práctica en aprender a usar su cuerpo. Los niños necesitan practicar para desarrollar los músculos grandes de los brazos y las piernas así como los músculos pequeños en las manos. Y también necesitan práctica para hacer trabajar juntos los músculos y los ojos. Eso es coordinación.

Estas actividades le a ayudarán a usted a ayudarle a su niño a aprender estas cosas.

ESTABLEZCA LÍMITES POSITIVOS

Haga la prueba diciendo a su niño lo que debe hacer en vez de lo que no debe hacer.

Puede ser importante establecer límites (o reglas) en algunas actividades. Ejemplo:

"El Play-Doh se queda en la mesa."

"Aquí hay papel para que dibujes."

"El macarrón se pone en el hilo o en el tazón."

Los adultos así como los niños a menudo responden mejor a **haz** que a **no hagas.** Haga la prueba. Vea como funciona para usted.

ALABE A SU NIÑO

El crecer significa bastante trabajo. Es importante recordar que debe alabar a su niño por el esfuerzo que está haciendo.

Dígale algo bueno a su niño al completar cada actividad. Ejemplos:

"Me gusta como te esfuerzas en cerrar los botones."

"Me agrada cuando tienes cuidado al verter el agua."

"¡Excelente!" "¡Qué buen trabajo hiciste en separar esos tarros!"

Y recuerde alabarse a sí mismo. ¡Usted está trabajando duro también!

Esta hoja forma parte de una serie sobre

DESARROLLO DE COORDINACIÓN

desarrollada por Washburn Child Guidance Center, mediante una donación de la iniciativa de la comunidad, Success by 6,® del United Way of Minneapolis Area.
Asuntos cotidianos ©1997 AGS® American Guidance Service, Inc. Circle Pines, MN 55014-1796
Se permite reproducir esta actividad.

COORDINATION DEVELOPMENT

HERE'S AN ACTIVITY TO DO WITH YOUR CHILD

Falling down

(To get started, see list of things below.)

1

Put two cushions or pillows on the floor.
"Let's practice falling down."

WHAT DO I NEED TO GET STARTED?

- Cushions
- Or pillows
- Or a mattress

WHY IS THIS IMPORTANT FOR MY CHILD?

- Helps child learn about his/her body.
- Helps child learn about safely controlling his/her body.
- It's fun!

2

Show your child how to play by falling on the cushions.

WHAT ARE SOME OTHER ACTIVITIES LIKE THIS?

Most two year olds can learn this activity. Your child may need an activity that is easier or harder. Once a child can do an activity, it is helpful to move on to a little harder one.

- Lie or sit some different way. Ask your child to copy you.
- Ask your child to hop on one foot, then both feet.
- Try different ways of jumping.
- Make an obstacle course—things to crawl around, under, over.

3

See how many different ways your child can practice falling.

This sheet is part of a series on
COORDINATION DEVELOPMENT
developed by Washburn Child Guidance Center under a grant from the United Way of Minneapolis Area's Success By 6® community initiative.
EveryDay Matters ©1997 AGS® American Guidance Service, Inc.
Permission is granted to reproduce this activity.

DESARROLLO DE COORDINACIÓN

AQUÍ HAY UNA ACTIVIDAD QUE PUEDE HACER CON SU NIÑO

Calléndose

(Para empezar, vea la lista de abajo.)

1

Coloque dos cojines o almohadas en el piso.
"Vamos a practicar a caer."

2

Enséñele a su niño como hacer en juego de caerse sobre los cojines.

3

Observe cuantas maneras hay para que su niño practique caerse.

¿QUÉ NECESITO PARA EMPEZAR?

- Cojines
- Almohadas
- O un colchón

¿POR QUÉ ES IMPORTANTE PARA MI NIÑO?

- Ayuda al niño a aprender acerca de su persona.
- Ayuda al niño a aprender a contolar su cuerpo en una manera segura.
- ¡Es divertido!

¿QUÉ OTRAS ACTIVIDADES HAY SEMEJANTES A ÉSTA?

La mayoría de los niños que tienen dos años pueden aprender esta actividad. Su niño puede necesitar una actividad más fácil o más difícil. Una vez que su niño pueda hacer una actividad, es mejor que le dé otra un poco más difícil.

- Acuéstese o siéntese en una manera diferente. Pídale a su niño que imita lo que usted hace.
- Pídale a su niño que brinque sobre un pie, dos pies.
- Pruebe diferentes formas de brincar.
- Pruebe diferentes formas de rodar.
- Construya un curso de obstáculos—para rodear, pasar por debajo o por encima de algunos objetos.

Esta hoja forma parte de una serie sobre
DESARROLLO DE COORDINACIÓN
desarrollada por Washburn Child Guidance Center, mediante una donación de la iniciativa de la comunidad, Success by 6,® del United Way of Minneapolis Area.

Asuntos cotidianos ©1997 AGS® American Guidance Service, Inc. Circle Pines, MN 55014-1796

Se permite reproducir esta actividad.

COORDINATION DEVELOPMENT

HERE'S AN ACTIVITY TO DO WITH YOUR CHILD

Towers

(To get started, see list of things below.)

1

Invite your child to play with blocks.
"Come see what I'm building."

2

Build a tower with a few blocks.

3

Ask your child to build a tower like yours.
"Blocks are for building."

WHAT DO I NEED TO GET STARTED?

- Anything that can be stacked and not break:
  - Building blocks
  - Milk cartons
  - Paper cups
  - Cereal boxes

WHY IS THIS IMPORTANT FOR MY CHILD?

- Helps child's eyes and hands work together.
- Helps child learn how to plan.
- Helps child learn to pretend.
- Helps child learn self-control.
- Helps child play by himself/herself.
- Helps child learn to play with others.

WHAT ARE SOME OTHER ACTIVITIES LIKE THIS?

Most two year olds can learn this activity. Your child may need an activity that is easier or harder. Once a child can do an activity, it is helpful to move on to a little harder one.

EASIER ACTIVITY

- Build a tower. Ask your child to knock it down.

HARDER ACTIVITIES

- Have your child build other things.
- Have your child build roads, bridges.
- Let your child use other building toys—Lego, Duplo.
- Build a building. Ask your child to copy yours.

This sheet is part of a series on
COORDINATON DEVELOPMENT
developed by Washburn Child Guidance Center under a grant from the United Way of Minneapolis Area's Success By 6® community initiative.
EveryDay Matters ©1997 AGS® American Guidance Service, Inc.
Permission is granted to reproduce this activity.

DESARROLLO DE COORDINACIÓN

AQUÍ HAY UNA ACTIVIDAD QUE PUEDE HACER CON SU NIÑO

Torres

(Para empezar, vea la lista de abajo.)

Invite a su niño a jugar con cubos.
"Ven a ver lo que estoy construyendo."

Forme una torre con unos cuantos cubos.

Pídale a su niño que construya una torre como la suya.
"Los cubos son para construir."

¿QUÉ NECESITO PARA EMPEZAR?
- Cualquier cosa que se pueda amontonar sin quebrarse.
    - Cubos para construcción
    - Recipientes de leche
    - Tazas de papel
    - Cajas de cereal

¿POR QUÉ SON IMPORTANTES LOS CUBOS PARA MI NIÑO?
- Ayuda a los ojos y a las manos a trabajar juntos.
- Ayuda al niño a aprender a planear.
- Ayuda al niño a aprender a usar su imaginación.
- Ayuda al niño a aprender a tener control propio.
- Ayuda al niño a jugar por sí mismo.
- Ayuda al niño a aprender a jugar con otros.

¿QUÉ OTRAS ACTIVIDADES HAY SEMEJANTES A ÉSTA?

La mayoría de los niños que tienen dos años pueden aprender esta actividad. Su niño puede necesitar una actividad más fácil o más difícil. Una vez que su niño pueda hacer una actividad, es mejor que le dé otra un poco más difícil.

ACTIVIDAD MÁS FÁCIL
- Haga una torre. Pídale a su niño que la tire.

ACTIVIDADES MÁS DIFÍCILES
- Pídale a su niño que construya otras cosas.
- Pídale a su niño que haga caminos, puentes.
- Deja que su niño use otros juguetes para construcción—Lego, Duplo.
- Construya un edificio. Pídale al niño que lo copie.

Esta hoja forma parte de una serie sobre

DESARROLLO DE COORDINACIÓN

desarrollada por Washburn Child Guidance Center, mediante una donación de la iniciativa de la comunidad, Success by 6,® del United Way of Minneapolis Area.

Asuntos cotidianos ©1997 AGS® American Guidance Service, Inc. Circle Pines, MN 55014-1796

Se permite reproducir esta actividad.

COORDINATION DEVELOPMENT

HERE'S AN ACTIVITY TO DO WITH YOUR CHILD

Coloring

(To get started, see list of things below.)

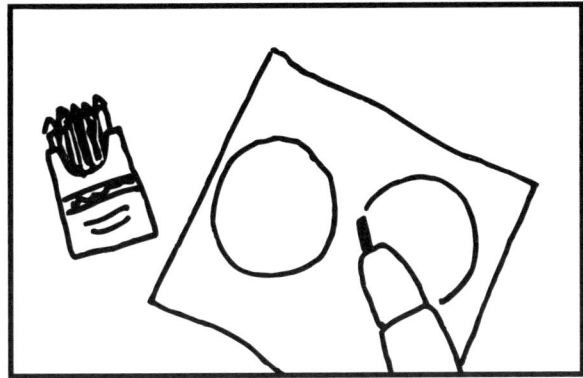

1. Take a marker or crayon. Draw two circles on a piece of paper.

2. Color in one of the circles. Show your child how to stay in the line.

3. Ask your child to color the other circle.
"I like the way you color!"

WHAT DO I NEED TO GET STARTED?

- Marker, fat crayon, or pencil
- Paper—grocery bags or newspapers

WHY IS THIS IMPORTANT FOR MY CHILD?

- Helps child's eyes and hands work together.
- Helps child get ready for school by learning to use a pencil to write his/her name.
- Gives child a way to express feelings.

WHAT ARE SOME OTHER ACTIVITIES LIKE THIS?

Most two and three year olds can learn this activity. Your child may need an activity that is easier or harder. Once a child can do an activity, it is helpful to move on to a harder one.

EASIER ACTIVITY

- Scribbling on a big piece of paper.

HARDER ACTIVITIES

- Ask your child to make a line on the paper.
- Ask your child to make shapes.
- Make different outlines on the paper. Ask your child to color them in.
- Make a shape on the paper. Ask your child to copy the same shape.

This sheet is part of a series on
COORDINATION DEVELOPMENT
developed by Washburn Child Guidance Center under a grant from the United Way of Minneapolis Area's Success By 6® community initiative.
EveryDay Matters ©1997 AGS® American Guidance Service, Inc.
Permission is granted to reproduce this activity.

DESARROLLO DE COORDINACIÓN

AQUÍ HAY UNA ACTIVIDAD QUE PUEDE HACER CON SU NIÑO

Coloreando

(Para empezar, vea la lista de abajo.)

Tome un marcador o un lápiz de color. Dibuje dos círculos en una hoja de papel.

Coloree uno de los círculos. Enséñele a su niño como colorear sin salirse de la línea.

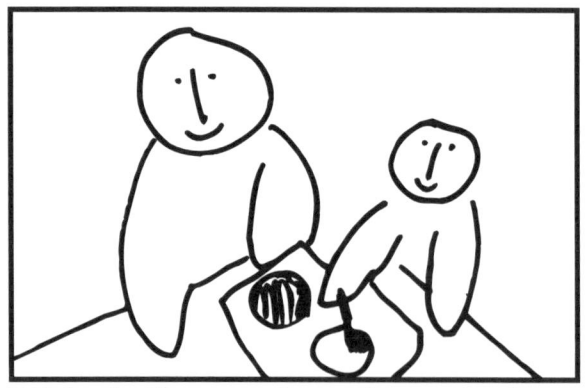

Pídale al niño que coloree el otro círculo.
"¡Me gusta la manera que coloreas!"

¿QUÉ NECESITO PARA EMPEZAR?

- Marcador o un color grande. Un lápiz basta
- Papel—bolsas del supermercado o periódicos.

¿POR QUÉ ES IMPORTANTE PARA MI NIÑO?

- Ayuda a que los ojos y las manos trabajen juntos.
- Ayuda al niño a prepararse para entrar en la escuela: aprende como usar un lápiz y como escribir su nombre.
- Es una manera de expresar sus sentimientos.

¿QUÉ OTRAS ACTIVIDADES HAY SEMEJANTES A ÉSTA?

La mayoría de los niños que tienen dos o tres años pueden aprender esta actividad. Su niño puede necesitar una actividad más fácil o más difícil. Una vez que su niño pueda hacer una actividad, es mejor que le dé otra un poco más difícil.

ACTIVIDAD MÁS FÁCIL

- Garabatear en una hoja grande de papel.

ACTIVIDADES MÁS DIFÍCILES

- Pídale al niño que marque una línea en en papel.
- Pídale al niño que dibuje formas.
- Trace diferentes figuras en el papel. Pídale a su niño que les ponga color.
- Trace una figura en el papel. Pídale a su niño que la copie.

Esta hoja forma parte de una serie sobre
DESARROLLO DE COORDINACIÓN
desarrollada por Washburn Child Guidance Center, mediante una donación de la iniciativa de la comunidad, Success by 6,® del United Way of Minneapolis Area.

Asuntos cotidianos ©1997 AGS® American Guidance Service, Inc. Circle Pines, MN 55014-1796

Se permite reproducir esta actividad.

COORDINATION DEVELOPMENT

HERE'S AN ACTIVITY TO DO WITH YOUR CHILD

Stringing

(To get started, see list of things below.)

1

Tie a knot in a short piece of string. Set out a small bowl of Cheerios or macaroni.

2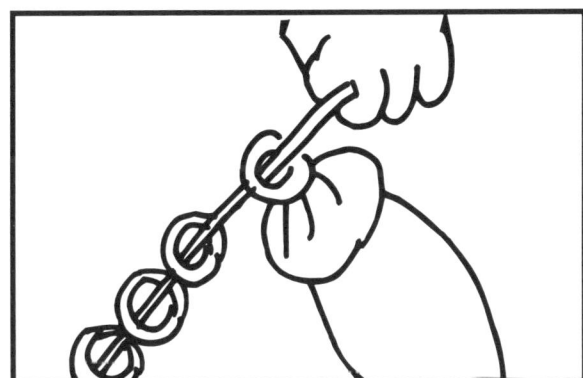

Show your child how to put the string through the middle of the Cheerio.

3

Invite your child to see how many pieces he/she can put on the string.

WHAT DO I NEED TO GET STARTED?

- String or yarn
- Cheerios or macaroni

WHY IS THIS IMPORTANT FOR MY CHILD?

- Helps child's eyes and hands work together.
- Helps child learn to stay with a task.
- Helps child learn to pay attention longer.

WHAT ARE SOME OTHER ACTIVITIES LIKE THIS?

Most three year olds can learn this activity. Your child may need an activity that is easier or harder. Once a child can do an activity, it is helpful to move on to a little harder one.

EASIER ACTIVITIES

- Have your child clip clothespins on a bucket.
- Cut big donuts out of cardboard. Ask your child to string them.
- Have your child string canning jar lids.
- Have your child string bracelets.

HARDER ACTIVITIES

- Have your child string:
    - keys
    - beads
    - paper clips
- Have your child use a sewing card.
- Have your child lace shoes.
- Ask your child to drop beans in a bottle.

This sheet is part of a series on
CORDINATION DEVELOPMENT
developed by Washburn Child Guidance Center under a grant from the United Way of Minneapolis Area's Success By 6® community initiative.
EveryDay Matters ©1997 AGS® American Guidance Service, Inc.
Permission is granted to reproduce this activity.

DESARROLLO DE COORDINACIÓN

AQUÍ HAY UNA ACTIVIDAD QUE PUEDE HACER CON SU NIÑO

Enhilando

(Para empezar, vea la lista de abajo.)

Haga un nudo en un trozo de hilo. Ponga en la mesa un tazón de Cheerios o de macarrones

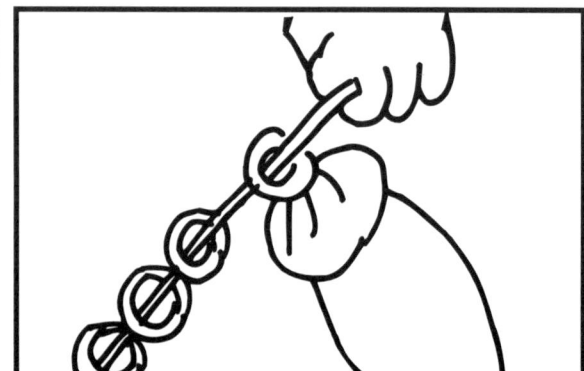

Muéstrele a su niño como meter el hilo por el centro de los Cheerios.

Vea cuantas piezas puede poner su niño en el hilo.

¿QUÉ NECESITO PARA EMPEZAR?
- Hilo o hilaza
- Cheerios o macarrones

¿POR QUÉ ES IMPORTANTE PARA MI NIÑO?
- Ayuda a que los ojos y las manos trabajen juntos.
- Ayuda al niño a aprender a persistir con una tarea.
- Ayuda al niño a aprender a poner atención por más tiempo.

¿QUÉ OTRAS ACTIVIDADES HAY SEMEJANTES A ÉSTA?

La mayoría de los niños que tienen tres años pueden aprender esta actividad. Su niño puede necesitar una actividad más fácil o más difícil. Una vez que su niño pueda hacer una actividad, es mejor que le dé otra un poco más difícil.

ACTIVIDADES MÁS FÁCILES
- Pídale a su niño que ponga pinzas para ropa en la orilla de una cubeta.
- Recorte roscas de cartón. Pídale a su niño que meta el hilo por los hoyos.
- Pídale al niño que enhile las tapaderas de jarros envasadores.
- Pídale al niño que enhile pulseras.

ACTIVIDADES MÁ DIFÍCILES
- Pídale al niño que enhile:
    - llaves
    - bolitas perforadas
    - presillas
- Pídale a su niño que use una carta para coser.
- Pídale al niño que entrelace las cintas de sus zapatos.
- Pídale al niño que eche frijoles en una botella.

Esta hoja forma parte de una serie sobre

DESARROLLO DE COORDINACIÓN

desarrollada por Washburn Child Guidance Center, mediante una donación de la iniciativa de la comunidad, Success by 6,® del United Way of Minneapolis Area.

Asuntos cotidianos ©1997 AGS® American Guidance Service, Inc. Circle Pines, MN 55014-1796

Se permite reproducir esta actividad.

COORDINATION DEVELOPMENT

HERE'S AN ACTIVITY TO DO WITH YOUR CHILD

Cutting with scissors

(To get started, see list of things below.)

1

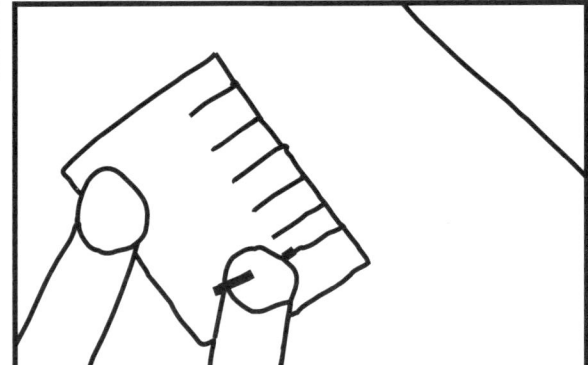

Take a marker or crayon. Draw some lines as long as your finger on a piece of paper.

2

Show your child how to cut on the lines. Make a fringe on the paper.

3

Ask your child to try cutting on his/her own.
"I like the way you are trying so hard!"

WHAT DO I NEED TO GET STARTED?

- Paper—grocery bag, old cards or envelopes, junk mail
- Scissors—children's scissors with no point work best
- Marker, crayon, or pencil

Note: *Adult should help child hold scissors to learn the motion of cutting.*

WHY IS THIS IMPORTANT FOR MY CHILD?

- Helps child's eyes and hands work together.
- Helps get child ready for school.
- Builds strong hand muscles.

WHAT ARE SOME OTHER ACTIVITIES LIKE THIS?

Most three and four year olds can learn this activity. Your child may need an activity that is easier or harder. Once a child can do an activity, it is helpful to move on to a little harder one.

EASIER ACTIVITY

- Have your child tear strips of paper.

HARDER ACTIVITIES

- Have your child cut Play-Doh.
- Ask your child to cut wavy lines, circles, angles.
- Let your child cut pictures out of magazines.
- Let your child make books.

Note: *Save scraps for sorting or pasting.*

This sheet is part of a series on
CORDINATION DEVELOPMENT
developed by Washburn Child Guidance Center under a grant from the United Way of Minneapolis Area's Success By 6® community initiative.
EveryDay Matters ©1997 AGS® American Guidance Service, Inc.
Permission is granted to reproduce this activity.

DESARROLLO DE COORDINACIÓN

AQUÍ HAY UNA ACTIVIDAD QUE PUEDE HACER CON SU NIÑO

Recortando con tijeras

(Para empezar, vea la lista de abajo.)

1

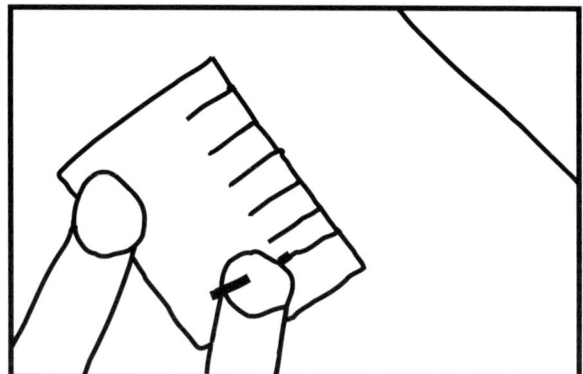

Con un marcador, trace unas líneas a lo largo de sus dedos sobre un papel.

2

Enséñele a su niño como cortar sobre las líneas. Haga un fleco al papel.

3

Pídale a su niño que recorte sin su ayuda.

"¡Me agrada ver que estás haciendo un esfuerzo!"

¿QUÉ NECESITO PARA EMPEZAR?

- Papel—bolsas del supermercado, cartas o sobres usadas, correspondencia vieja
- Tijeras—tijeras para niños sin puntas son las mejores
- Marcador, colores o lápiz

NOTA: *Un adulto deberá ayudarle al niño para que el niño aprenda como recortar.*

¿POR QUÉ ES IMPORTANTE PARA MI NIÑO?

- Ayuda a que los ojos y las manos trabajen juntos.
- Ayuda al niño a aprender a prepararse para entrar a la escuela.
- Forma músculos fuertes en la mano.

¿QUÉ OTRAS ACTIVIDADES HAY SEMEJANTES A ÉSTA?

La mayoría de los niños que tienen tres a cuatro años pueden aprender esta actividad. Su niño puede necesitar una actividad más fácil o más difícil. Una vez que su niño pueda hacer una actividad, es mejor que le dé otra un poco más difícil.

ACTIVIDAD MÁS FÁCIL

- Pídale a su niño que haga tiritas de papel.

ACTIVIDADES MÁS DIFÍCILES

- Pídale al niño que corte Play-Doh
- Invita a su niño a cortar curvas, círculos, ángulos.
- Déjale al niño recortar dibujos de revistas.
- Déjale al niño hacer libros.

NOTA: *Guarde las sobras para separar o para pegar con goma.*

Esta hoja forma parte de una serie sobre

DESARROLLO DE COORDINACIÓN

desarrollada por Washburn Child Guidance Center, mediante una donación de la iniciativa de la comunidad, Success by 6,® del United Way of Minneapolis Area.

Asuntos cotidianos ©1997 AGS® American Guidance Service, Inc. Circle Pines, MN 55014-1796

Se permite reproducir esta actividad.

COORDINATION DEVELOPMENT

HERE'S AN ACTIVITY TO DO WITH YOUR CHILD

Play-Doh

(To get started, see list of things below.)

1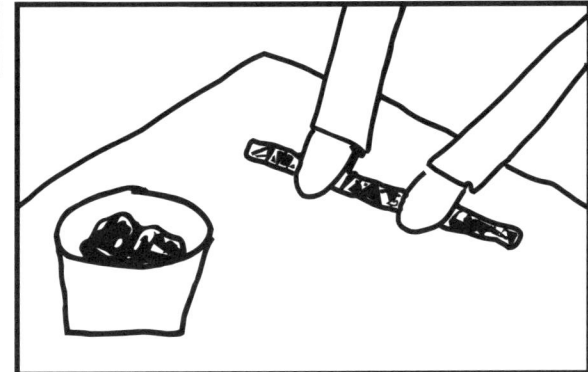

Using both hands, roll out a worm with Play-Doh.

2

Show your child how to make this shape.
"Look at what I am making."

3

Invite your child to copy your shape.

WHAT DO I NEED TO GET STARTED?

- Play-Doh or modeling clay
- Make your own modeling material with this recipe:

   1 cup flour

   1/2 cup salt

   1 tablespoon powdered alum

   1 tablespoon vegetable oil

   1 cup water

   6 drops food coloring

Boil water. Add oil and food coloring. Mix dry ingredients in a bowl. Add water mixture and stir together. Carefully knead the dough—it will be hot. Let dough cool. Store it in a closed container like an ice cream tub.

WHY IS THIS IMPORTANT FOR MY CHILD?

- Helps child's eyes and hands work together.
- Makes child's hand muscles strong.
- Helps child learn how things look and feel.
- Helps child learn to pretend and play make-believe.
- Helps child use up extra energy.

WHAT ARE SOME OTHER ACTIVITIES LIKE THIS?

Most two and three year olds can learn this activity. Once a child can do an activity, it is helpful to move on to a little bit harder one.

- Play with water.
- Play with sand.
- Use Play-Doh to:
   - pound, pull, push pieces together to form things
   - make shapes with cookie cutters, rolling pins

This sheet is part of a series on
COORDINATION DEVELOPMENT
developed by Washburn Child Guidance Center under a grant from the United Way of Minneapolis Area's Success By 6® community initiative.
EveryDay Matters ©1997 AGS® American Guidance Service, Inc.
Permission is granted to reproduce this activity.

DESARROLLO DE COORDINACIÓN

AQUÍ HAY UNA ACTIVIDAD QUE PUEDE HACER CON SU NIÑO

Play-Doh

(Para empezar, vea la lista de abajo.)

1

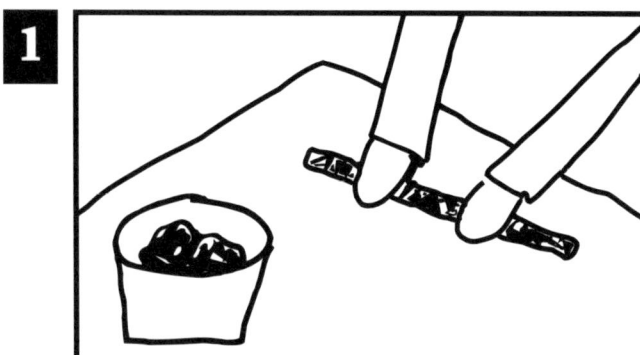

Usando ambas manos, forme un gusano con el Play-Doh.

¿QUÉ NECESITO PARA EMPEZAR?

- Play-Doh o arcilla para modelar
- Haga su propio material para modelar:
    1 taza de harina
    1/2 taza de sal
    1 cucharada de alumbre
    1 cucharada de aceite de cocina
    1 taza de agua
    6 gotitas de color vegetal

Ponga a hervir el agua. Añade el aceite y el color vegetal. Combine los ingredientes secos en un tazón. Agregue la mezcla del agua y agite todo para mezclar. Amase la mezcla con cuidado—estará caliente. Deje que enfríe y guarde la mezcla en un recipiente con tapa, tal como una sorbetera.

¿POR QUÉ ES IMPORTANTE PARA MI NIÑO?

- Ayuda a que los ojos y las manos trabajen juntos.
- Fortalece los músculos de las manos.
- Ayuda al niño a aprender como se sienten y como se ven diferentes cosas.
- Ayuda al niño a aprender como jugar con su imaginación.
- Ayuda al niño a usar el exceso de energía que tenga.

2

Muéstrele a su niño como hacer esta figura.
"Mira lo que estoy haciendo."

¿QUÉ OTRAS ACTIVIDADES HAY SEMEJANTES A ÉSTA?

La mayoría de los niños que tienen dos a tres años pueden aprender esta actividad. Una dos a tres vez que su niño pueda hacer una actividad, es mejor que le dé otra un poco más difícil.

- Juegue con el agua.
- Juegue con arena.
- Haga otras cosas con Play-Doh:
    - amasar, jalar, combinar pedazos para formar diferentes cosas
    - usar cortador para galletitas o un rodillo

3

¡Que hagas una también!

Pídale a su niño que copie la figura.

Esta hoja forma parte de una serie sobre
DESARROLLO DE COORDINACIÓN
desarrollada por Washburn Child Guidance Center, mediante una donación de la iniciativa de la comunidad, Success by 6,® del United Way of Minneapolis Area.

Asuntos cotidianos ©1997 AGS® American Guidance Service, Inc. Circle Pines, MN 55014-1796

Se permite reproducir esta actividad.

COORDINATION DEVELOPMENT

HERE'S AN ACTIVITY TO DO WITH YOUR CHILD

Grab bag

(To get started, see list of things below.)

1

Find a few small things to put in a bag.

2

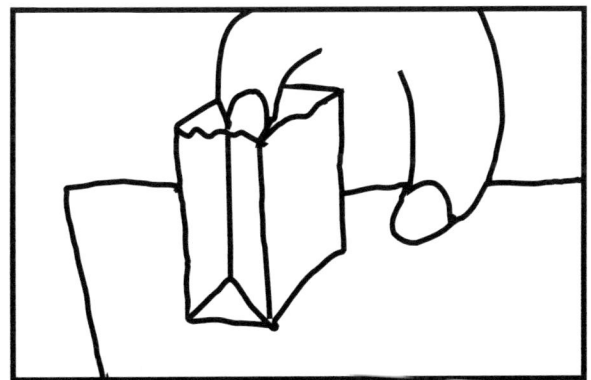

Show child how to play. Reach in the bag without looking. Touch one thing. Guess what it is.

3

Ask your child to reach in the bag and guess.

WHAT DO I NEED TO GET STARTED?

- Paper bag or pillowcase
- Things like small toys, spoon, toothbrush, cotton ball, comb, fabric

WHY IS THIS IMPORTANT FOR MY CHILD?

- Helps child learn new words.
- Helps child's sense of touch.
- Helps child remember.
- Helps child get ready for school by learning to pay attention and think.

WHAT ARE SOME OTHER ACTIVITIES LIKE THIS?

Most four year olds can learn this activity. Your child may need an activity that is easier or harder. Once a child can do an activity, it is helpful to move on to a little harder one.

EASIER ACTIVITY

- Put a small toy in a bowl of uncooked beans or rice. Ask your child to find it and name it.

HARDER ACTIVITIES

- Put objects in a sock. Ask your child to guess what they are.
- Spread some cornmeal, sand, or powdered Jell-O on a cookie sheet or tray. Ask your child to trace a shape or make a drawing with his/her finger.

This sheet is part of a series on
COORDINATION DEVELOPMENT
developed by Washburn Child Guidance Center under a grant from the United Way of Minneapolis Area's Success By 6® community initiative.
EveryDay Matters ©1997 AGS® American Guidance Service, Inc.
Permission is granted to reproduce this activity.

DESARROLLO DE COORDINACIÓN

AQUÍ HAY UNA ACTIVIDAD QUE PUEDE HACER CON SU NIÑO

Bolsa de cosas misceláneas

(Para empezar, vea la lista de abajo.)

Encuentre algunos objetos para poner en una bolsa de papel.

¿QUÉ NECESITO PARA EMPEZAR?

- Bolsa de papel o funda de almohada
- Cosas como juguetes pequeños, una cuchara, un cepillo de dientes, bolita de algodón, peine, tela

¿POR QUÉ ES IMPORTANTE PARA MI NIÑO?

- Ayuda al niño a aprender palabras nuevas.
- Ayuda el sentido de tacto.
- Ayuda al niño a recordar.
- Ayuda al niño a prepararse para entrar en la escuela, aprendiendo a poner atención y pensar.

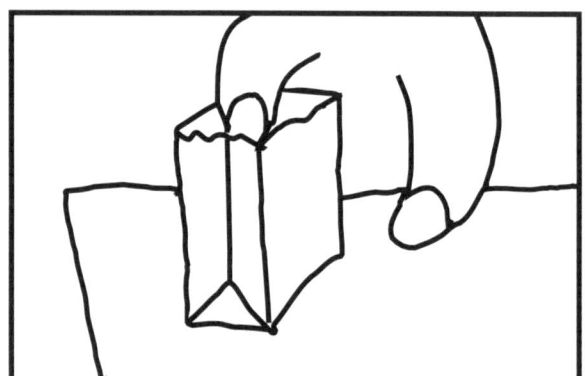

Enséñele a su niño como jugar. Meta la mano a la bolsa sin ver. Toque un objeto. Adivine lo que es.

¿QUÉ OTRAS ACTIVIDADES HAY SEMEJANTES A ÉSTA?

La mayoría de los niños que tienen cuatro años pueden aprender esta actividad. Su niño puede necesitar una actividad más fácil o más difícil. Una vez que su niño pueda hacer una actividad, es mejor que le dé otra un poco más difícil.

ACTIVIDAD MÁS FÁCIL

- Ponga un juguete pequeño dentro de un tazón lleno de frijoles o de arroz. Pídale a su niño que encuentre el juguete y que le diga cómo se llama.

ACTIVIDADES MÁS DIFÍCILES

- Ponga objetos en un calcetín. Dígale a su niño que adivine los objetos.
- Sobre una bandeja ponga harina de maíz, arena, o gelatina en polvo. Pídale a su niño que use su dedo para trazar una figura.

Pídale a su niño que haga lo mismo.

Esta hoja forma parte de una serie sobre
DESARROLLO DE COORDINACIÓN
desarrollada por Washburn Child Guidance Center, mediante una donación de la iniciativa de la comunidad, Success by 6,® del United Way of Minneapolis Area.

Asuntos cotidianos ©1997 AGS® American Guidance Service, Inc. Circle Pines, MN 55014-1796

Se permite reproducir esta actividad.

COORDINATION DEVELOPMENT

HERE'S AN ACTIVITY TO DO WITH YOUR CHILD

Pouring

(To get started, see list of things below.)

1

Fill a small pitcher with about two cups of water.

WHAT DO I NEED TO GET STARTED?

- Plastic glass or cup
- Pitcher
- Cleanable surface

Note: *Spills will happen. This is fun to do outside or in the bathtub.*

WHY IS THIS IMPORTANT FOR MY CHILD?

- Helps child's eyes and hands work together.
- Helps child learn to help himself/herself.
- Helps child feel grown up.

2

Holding the pitcher with both hands, show your child how to fill a glass.

WHAT ARE SOME OTHER ACTIVITIES LIKE THIS?

Most 2½ and 3 year olds can learn this activity. Your child may need an activity that is easier or harder. Once a child can do an activity, it is helpful to move on to a little harder one.

- Add bubbles or a drop of food coloring to the water.
- Instead of water, use uncooked beans, rice, sand, or packing material.
- Use several glasses. Ask your child to pour the same amount in each one.

3

Ask your child to try to fill a glass.
"Let's wipe up this spill together!"

This sheet is part of a series on
COORDINATION DEVELOPMENT
developed by Washburn Child Guidance Center under a grant from the United Way of Minneapolis Area's Success By 6® community initiative.
EveryDay Matters ©1997 AGS® American Guidance Service, Inc.
Permission is granted to reproduce this activity.

DESARROLLO DE COORDINACIÓN

AQUÍ HAY UNA ACTIVIDAD QUE PUEDE HACER CON SU NIÑO

Virtiendo

(Para empezar, vea la lista de abajo.)

1

LLene una jarra con dos tazas de agua.

¿QUÉ NECESITO PARA EMPEZAR?

- Vaso o taza de plástico
- Jarra
- Superficie fácil de limpiar

NOTA: Los derrames van a pasar. Es divertido hacer esta actividad afuera o dentro de la tina de baño.

¿POR QUÉ ES IMPORTANTE PARA MI NIÑO?

- Ayuda a que los ojos y las manos trabajen juntos.
- Ayuda al niño a aprender a ayudarse a si mismo.
- Ayuda al niño a sentirse más adulto.

2

Sosteniendo la jarra con las dos manos, muéstrele a su niño como llenar un vaso.

¿QUÉ OTRAS ACTIVIDADES HAY SEMEJANTES A ÉSTA?

La mayoría de los niños que tienen dos y medio años pueden aprender esta actividad. Su niño puede necesitar una actividad más fácil o más difícil. Una vez que su niño pueda hacer una actividad, es mejor que le dé otra un poco más difícil.

- Use burbujas o una gota de color vegetal en el agua.
- En vez de usar agua, use frijoles o arroz sin cocer, arena o material para empacar.
- Use varios vasos. Pídale a su niño que vierta la misma cantidad en cada uno.

3

Pídale a su niño que haga el esfuerzo de llenar un vaso.

"¡Limpiemos juntos lo que se derramó!"

Esta hoja forma parte de una serie sobre
DESARROLLO DE COORDINACIÓN
desarrollada por Washburn Child Guidance Center, mediante una donación de la iniciativa de la comunidad, Success by 6,® del United Way of Minneapolis Area.

Asuntos cotidianos ©1997 AGS® American Guidance Service, Inc. Circle Pines, MN 55014-1796

Se permite reproducir esta actividad.

COORDINATION DEVELOPMENT

HERE'S AN ACTIVITY TO DO WITH YOUR CHILD

Matching

(To get started, see list of things below.)

1

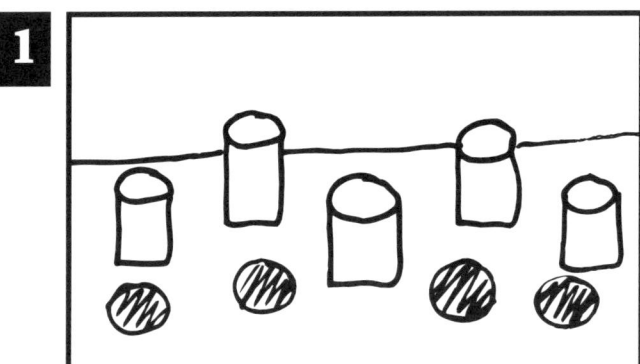

Find six empty jars with lids. Take off lids. Mix up lids in a pile.

2

Show your child how to match by finding the right lid for each jar.

"Now where does the big one go?"

3

Do it again. Ask your child to match the lids to the jars.

WHAT DO I NEED TO GET STARTED?

- Jars and their lids

WHY IS THIS IMPORTANT FOR MY CHILD?

- Helps child's eyes and hands work together.
- Helps child see differences.
- Helps child get ready for school by learning to pay attention and figure out problems.

WHAT ARE SOME OTHER ACTIVITIES LIKE THIS?

Most three year olds can learn this activity. Your child may need an activity that is easier or harder. Once a child can do an activity, it is helpful to move on to a little harder one.

EASIER ACTIVITIES

- Have your child put puzzles together.
- Sort the jars and the lids. Ask your child to put the lids in one pile, the jars in another.

HARDER ACTIVITIES

- Match things by shapes or colors.
- Match things by how they are used—clothes, cooking things, books, toys.
- Match things by size—big or little.

This sheet is part of a series on
COORDINATION DEVELOPMENT
developed by Washburn Child Guidance Center under a grant from the United Way of Minneapolis Area's Success By 6® community initiative.
EveryDay Matters ©1997 AGS® American Guidance Service, Inc.
Permission is granted to reproduce this activity.

DESARROLLO DE COORDINACIÓN

AQUÍ HAY UNA ACTIVIDAD QUE PUEDE HACER CON SU NIÑO

Igualando

(Para empezar, vea la lista de abajo.)

Encuentre seis jarras vacías con tapaderas. Quite las tapaderas. Junte las tapaderas en un montón.

Enséñele a su niño como encontrar las parejas encontrando la tapadera correspondiente para cada jarra.

"¿Dónde se pone esa tapadera grande?"

Hágalo de nuevo. Pídale a su niño que encuentre las tapaderas correspondientes a cada jarra.

¿QUÉ NECESITO PARA EMPEZAR?

- Jarras con tapaderas

¿POR QUÉ ES IMPORTANTE PARA MI NIÑO?

- Ayuda a que los ojos y las manos trabajen juntos.
- Ayuda al niño a ver diferencias.
- Ayuda al niño a prepararse para entrar en la escuela, aprendiendo poner atención y resolver problemas.

¿QUÉ OTRAS ACTIVIDADES HAY SEMEJANTES A ÉSTA?

La mayoría de los niños que tienen tres años pueden aprender esta actividad. Su niño puede necesitar una actividad más fácil o más difícil. Una vez que su niño pueda hacer una actividad, es mejor que le dé otra un poco más difícil.

ACTIVIDADES MÁS FÁCILES

- Pídale a su niño que haga unas rompecabezas.
- Separe las jarras y sus tapaderas. Pídale a su niño que ponga las tapaderas en un montón y las jarras en otro.

ACTIVIDADES MÁS DIFÍCILES

- Clasifique cosas por color o forma.
- Clasifique cosas por la manera en que se utilizan—ropa, utensilios de cocina, libros, juguetes.
- Clasifique cosas por tamaño—grande o pequeño.

Esta hoja forma parte de una serie sobre

DESARROLLO DE COORDINACIÓN

desarrollada por Washburn Child Guidance Center, mediante una donación de la iniciativa de la comunidad, Success by 6,® del United Way of Minneapolis Area.

Asuntos cotidianos ©1997 AGS® American Guidance Service, Inc. Circle Pines, MN 55014-1796

Se permite reproducir esta actividad.

COORDINATION DEVELOPMENT

HERE'S AN ACTIVITY TO DO WITH YOUR CHILD

Dressing/Undressing

(To get started, see list of things below.)

1

"I know a buttoning game."

Put a sweater or shirt of yours on your child and button it.

2

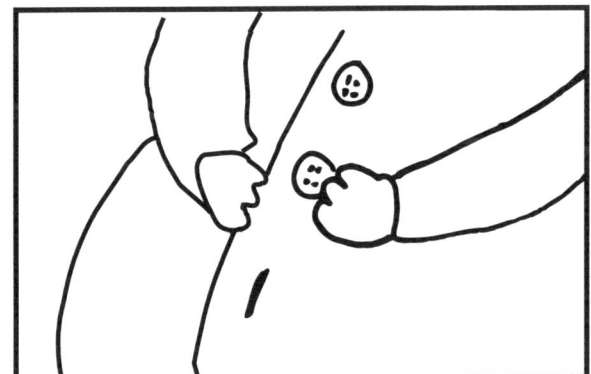

Ask your child to try unbuttoning it.

3

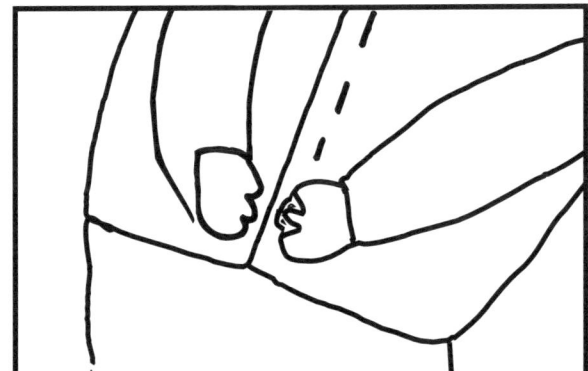

Let your child try buttoning it.
"It helps to start at the bottom."

WHAT DO I NEED TO GET STARTED?

- Large clothing with large buttons

WHY IS THIS IMPORTANT FOR MY CHILD?

- Helps child's eyes and hands work together.
- Helps child learn to help himself/herself.

WHAT ARE SOME OTHER ACTIVITIES LIKE THIS?

Most three and four year olds can learn this activity. Your child may need an activity that is easier or harder. Once a child can do an activity, it is helpful to move on to a little harder one.

EASIER ACTIVITIES

- Ask your child to take off his/her socks.
- Ask your child to take off a shirt without buttons.
- Sew a button on a piece of fabric. Cut a buttonhole. Ask your child to unbutton and button.

HARDER ACTIVITIES

- Have your child work with zippers.
- Have your child work with snaps.

Note: *It is easier to start with unbuttoning, unzipping, and unsnapping. Then move on to buttoning, zipping, and snapping.*

This sheet is part of a series on
COORDINATION DEVELOPMENT
developed by Washburn Child Guidance Center under a grant from the United Way of Minneapolis Area's Success By 6® community initiative.
EveryDay Matters ©1997 AGS® American Guidance Service, Inc.
Permission is granted to reproduce this activity.

DESARROLLO DE COORDINACIÓN

AQUÍ HAY UNA ACTIVIDAD QUE PUEDE HACER CON SU NIÑO

Vistiendo/Desvistiendo

(Para empezar, vea la lista de abajo.)

¿QUÉ NECESITO PARA EMPEZAR?

- Ropa grande con botones grandes

¿POR QUÉ ES IMPORTANTE PARA MI NIÑO?

- Ayuda a que los ojos y las manos trabajen juntos.
- Ayuda al niño a aprender a ayudarse a sí mismo.

¿QUÉ OTRAS ACTIVIDADES HAY SEMEJANTES A ÉSTA?

La mayoría de los niños que tienen tres a cuatro años pueden aprender esta actividad. Su niño puede necesitar una actividad más fácil o más difícil. Una vez que su niño pueda hacer una actividad, es mejor que le dé otra un poco más difícil.

ACTIVIDADES MÁS FÁCILES

- Pídale a su niño que se quite los calcetines.
- Pídale a su niño que se quite una camisa sin botones.
- Cosa un botón en un trozo de tela. Recorte un ojal. Pídale a su niño que lo abotone y desabotone.

ACTIVIDADES MÁS DIFÍCILES

- Pídale a su niño que use cierras.
- Pídale a su niño que use broches de presión.

NOTA: *Es más fácil empezar con desabotonar, abrir cierres y broches a presión. Luego puede abotonar, cerrar cierres, y cerrar broches de presión.*

1.

"Yo sé un juego con botones."

Póngale una camisa o un suéter suyo a su niño. Y abotónela.

2.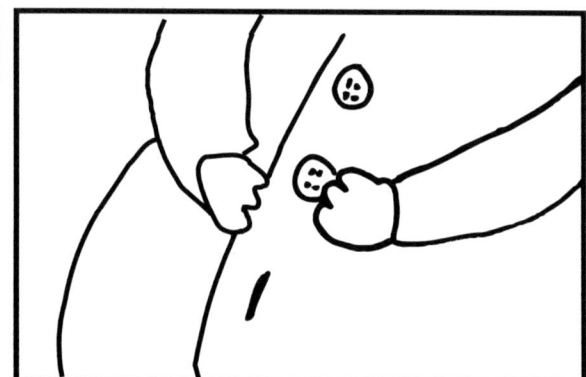

Pídale a su niño que la desabotone.

3.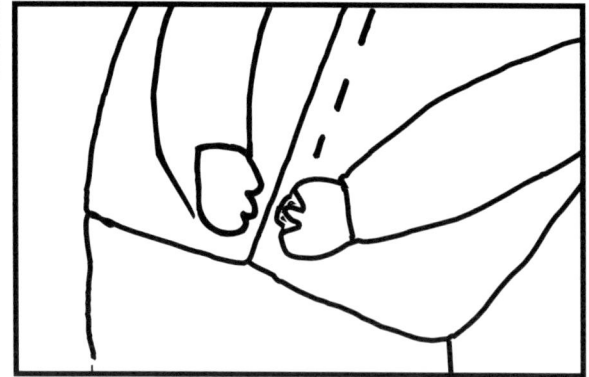

Pídale a su niño que haga el intento de abotonarla.

"Es mejor empezar por abajo."

Esta hoja forma parte de una serie sobre

DESARROLLO DE COORDINACIÓN

desarrollada por Washburn Child Guidance Center, mediante una donación de la iniciativa de la comunidad, Success by 6,® del United Way of Minneapolis Area.

Asuntos cotidianos ©1997 AGS® American Guidance Service, Inc. Circle Pines, MN 55014-1796

Se permite reproducir esta actividad.

INFANT CARE
EveryDay Matters

I help my baby learn to grow in many ways.

Today I spend time talking to and listening to my baby.

One way to use these activity sheets is to stick one up on your refrigerator door.

Your baby is growing in many ways every day.

Every baby loves to see and do new things. Looking, listening, touching are all ways that baby learns.

These activities are to help you help your child learn these things.

SET POSITIVE LIMITS

Try telling your child what to do rather than what not to do.

In some activities it may be important to set limits (or rules). Example:

*"Let **me** put that up here."*

*"Here is something **else** you can have."*

*"I want to keep my glasses **on**."*

Children and adults often respond better to **do** than to **don't.** Try it. See how it works for you.

PRAISE YOUR CHILD

Growing up is hard work. It is important to remember to praise your child for the efforts he/she is making.

At the end of each activity, tell your child something good. Examples:

"We have so much fun with the water."

"You found the plastic bowls."

"Wow, what a great job you did grabbing that!"

And remember to praise yourself. You are working hard at this, too!

This sheet is part of a series on
INFANT CARE
developed by Washburn Child Guidance Center under a grant from the United Way of Minneapolis Area's Success By 6® community initiative.
EveryDay Matters ©1997 AGS® American Guidance Service, Inc.
Permission is granted to reproduce this activity.

CUIDADO DE INFANTE
Asuntos cotidianos

Le ayudo a mi bebé aprender a crecer en muchas maneras.

Hoy paso el tiempo hablando y escuchando a mi bebé.

Una forma de utilizar estas hojas de actividades es pegarlas en la puerta de su refrigerador.

Su bebé crece en muchas maneras cada día.

A cada bebé le gusta mucho ver y hacer cosas nuevas. Observar, escuchar y tocar son modos en que aprende su bebé.

Estas actividades le ayudarán a usted a ayudar a su niño aprender estas cosas.

PONGA LÍMITES POSITIVOS

Trate de decirle a su niño lo que debe hacer en vez de lo que no debe hacer.

Puede ser importante en algunas actividades poner límites (o reglas). Ejemplo:

*"Déjame **a mi** poner eso allá arriba."*

*"Aquí hay **otra** cosa que puedes tener."*

*"Quiero quedarme con mis anteojos **puestos**."*

Los niños así como los adultos muchas veces responden mejor a **haz** que a **no hagas**. Haga la prueba. Verá como funciona para usted.

ALABE A SU NIÑO

Es difícil desarrollar. Es importante recordar que debe alabar a su niño por los esfuerzos que hace.

Dígale algo bueno después de cada actividad. Ejemplos:

"Nos divertimos mucho con el agua."

"Encontraste los tazones de plástico."

"¡Caramba! Lo agarraste muy bien."

Y recuerde alabarse a sí mismo. ¡Usted está esforzándose en esto también!

Esta hoja forma parte de una serie sobre

CUIDADO DE INFANTE

desarrollada por Washburn Child Guidance Center, mediante una donación de la iniciativa de la comunidad, Success by 6,® del United Way of Minneapolis Area.
Asuntos cotidianos ©1997 AGS® American Guidance Service, Inc. Circle Pines, MN 55014-1796
Se permite reproducir esta actividad.

INFANT CARE

HERE'S AN ACTIVITY TO DO WITH YOUR CHILD

Touching

(To get started, see materials list below.)

1

Give your baby things to touch.

2

Show your baby how to touch, stroke, poke, squeeze.
"That feels soft."

3

Let your child see you using your hands.

WHAT DO I NEED TO GET STARTED?

Things with different shapes, color, size (but not too small), and textures like:

- sponges
- blocks
- bathtub
- Jell-O
- pans
- hard things
- sand
- carpet
- soft things
- fur
- tile
- squishy things

WHY IS THIS IMPORTANT FOR MY CHILD?

- It's the first way child learns to explore the world.
- Helps child learn about differences.
- Helps child learn about how things are different.

WHAT ARE SOME OTHER ACTIVITIES LIKE THIS?

- Take the same object. Touch it to your child's cheek, finger, leg. The same thing feels different in different places.
- Let your child touch with more than just fingers. The mouth is the first way to touch.
- Touch your child (baby massage).
- Let your child touch you.
- Be aware of touch that is uncomfortable for your baby.
- Different children have different needs for touch.
- As your baby gets older, name the things he/she is touching.
- Your baby will become interested in reaching, moving, putting things in or taking them out, putting together, taking apart.
- Use words to help your baby learn to express feelings.

This sheet is part of a series on
INFANT CARE
developed by Washburn Child Guidance Center under a grant from the United Way of Minneapolis Area's Success By 6® community initiative.
EveryDay Matters ©1997 AGS® American Guidance Service, Inc.
Permission is granted to reproduce this activity.

CUIDADO DE INFANTE

AQUÍ HAY UNA ACTIVIDAD QUE PUEDE HACER CON SU NIÑO

Tocando

(Para empazar, via la lista de abajo.)

Déle a su bebé cosas para tocar.

Muéstrele a su bebé como tocar, sobar, picar, apretar.
"Esto se siente suave."

Deje ver a su niño como usa sus manos.

¿QUÉ NECESITO PARA EMPEZAR?

Objetos en diferentes formas, colores, tamaños, texturas (pero no muy pequeños) como:

- esponjas
- tapete
- Jell-O
- loza
- arena
- tina de baño
- piel de animal
- cosas duras
- bloques
- cosas suaves
- ollas
- cosas blandas

¿POR QUÉ EL TOCAR ES IMPORTANTE PARA MI NIÑO?

- Es la primera manera en que el niño aprende a explorar su mundo.
- Le ayuda al niño a aprender sobre diferencias.
- Le ayuda al niño aprender como difieren las cosas.

¿QUÉ OTRAS ACTIVIDADES HAY SEMEJANTES A ÉSTA?

- Tome algún objeto. Toque el cachete de su niño, su dedo, su pierna. La misma cosa se siente diferente en diferentes lugares.
- Deje que su niño lo toque con más que sus dedos. La primera manera de tentar es por medio de la boca.
- Toque a su niño (masaje para bebé).
- Deje que su niño le toque a usted.
- Esté consciente del tacto que es desagradable para su bebé.
- Los niños tienen necesidades diferentes para tacto.
- Al crecer su niño, nombre las cosas que su niño está tocando.
- El bebé tomará más interés en alcanzar, mover, poner cosas dentro de algo o sacarlas, juntar cosas, desarmarlas.
- Utilice palabras que le ayude a su bebé expresar sus sentimientos.

Esta hoja forma parte de una serie sobre
CUIDADO DE INFANTE
desarrollada por Washburn Child Guidance Center, mediante una donación de la iniciativa de la comunidad, Success by 6,® del United Way of Minneapolis Area.

Asuntos cotidianos ©1997 AGS® American Guidance Service, Inc. Circle Pines, MN 55014-1796

Se permite reproducir esta actividad.

INFANT CARE

HERE'S AN ACTIVITY TO DO WITH YOUR CHILD

Talking

Talk to your child about what is happening now! Talk naturally. Your child will copy what he/she hears.

Children first understand words. Later they speak them.

Listen to your child. Try to understand his/her words.

WHY IS TALKING IMPORTANT FOR MY CHILD?

- Helps child get wants and needs met.
- Helps child learn about the world.
- Helps child learn to control his/her world through words.
- Helps child be ready for school.
- Helps child get along with other children and grown-ups.

WHAT ARE SOME OTHER ACTIVITIES LIKE THIS?

- Help your child learn to talk about feelings.
- Let your child be around other children to hear how they speak.
- Let your child be around grown-ups to hear them talking.
- Ask questions as your child learns words.
   "What's this?"
   "What does it do?"
- Talk first with your child about things that are close like body parts, parent, things in crib.
- Later talk about things that are farther away like:
   - things in the room
   - action words
   - feelings
   - time
   - size, color, numbers
- Use songs, rhymes, word games, finger plays.

This sheet is part of a series on
INFANT CARE
developed by Washburn Child Guidance Center under a grant from the United Way of Minneapolis Area's Success By 6® community initiative.
EveryDay Matters ©1997 AGS® American Guidance Service, Inc.
Permission is granted to reproduce this activity.

CUIDADO DE INFANTE

AQUÍ HAY UNA ACTIVIDAD QUE PUEDE HACER CON SU NIÑO

Hablando

1 ¡Háblele con su niño sobre lo que está pasando ahora mismo! Hable en voz natural. El niño imitará lo que oye.

2 Los niños inicialmente entienden palabras. Luego las dicen.

3 Escuche a su niño. Trate de entender sus palabras.

¿POR QUÉ ES IMPORTANTE PARA MI NIÑO?

- Ayuda al niño a conseguir que se le satisfaga sus necesidades y sus deseos.
- Ayuda al niño a aprender sobre su mundo.
- Ayuda al niño a aprender a controlar su mundo a través de palabras.
- Ayuda al niño a prepararse para entrar en la escuela.
- Ayuda al niño a llevarse bien con otras niños y adultos.

¿QUÉ OTRAS ACTIVIDADES HAY SEMEJANTES A ÉSTA?

- Ayude al niño a aprender a hablar de sus sentimientos.
- Ponga al niño con otros niños para que escuche cómo hablan.
- Ponga al niño con adultos para escucharlos platicando.
- Haga preguntas mientras el niño aprende palabras.
    "¿Qué es esto?"
    "¿Qué hace?"
- Comience hablando acerca de cosas cercanas como partes del cuerpo, padre, cosas en la cuna.
- Luego hable de cosas lejanas:
    - cosas dentro del cuarto
    - palabras de acción
    - sentimientos
    - tiempo
    - tamaño, color, números
- Utilice canciones, rimas, juegos de palabras, juegos con los dedos.

Esta hoja forma parte de una serie sobre
CUIDADO DE INFANTE
desarrollada por Washburn Child Guidance Center, mediante una donación de la iniciativa de la comunidad, Success by 6,® del United Way of Minneapolis Area.

Asuntos cotidianos ©1997 AGS® American Guidance Service, Inc. Circle Pines, MN 55014-1796

Se permite reproducir esta actividad.

INFANT CARE

HERE'S AN ACTIVITY TO DO WITH YOUR CHILD

Pots and pans

(To get started, see materials list below.)

WHAT DO I NEED TO GET STARTED?

- Set aside one low shelf.
- Put child latches on other cupboards.
- Start with a few things. Later add more.
- Use safe kitchen things—plastic bowls, cups, plastic glasses, lightweight pots and pans, spoons.

WHY IS THIS IMPORTANT FOR MY CHILD?

- Helps child's eyes and hands work together.
- Helps child learn how things work.
- Lets child imitate grown-up.
- Helps child learn how things are used.

WHAT ARE SOME OTHER ACTIVITIES LIKE THIS?

- Let your child watch you cook, vacuum, clean, do many different activities.
- Talk about what you are doing. This helps your child put words to your actions.
- As your child gets older, he/she can help in small ways:
    - put things on table
    - stir in pan
    - clean up
    - set table
    - get dressed
    - work in yard
- Ask yourself:
    - What is safe for my child to do beside me?
    - What can my child do to help?
- At first your child will be happy just to watch you. Then he/she will copy your actions. Next, he/she will want to do part of your activity. Later, he/she will want to do more of it.

This sheet is part of a series on
INFANT CARE
developed by Washburn Child Guidance Center under a grant from the United Way of Minneapolis Area's Success By 6® community initiative.
EveryDay Matters ©1997 AGS® American Guidance Service, Inc.
Permission is granted to reproduce this activity.

1

Kitchens hold many playthings for your baby.
"What did you find?"

2

All objects are new to your baby. He/she will enjoy many things.
"You found the plastic bowls!"

3

Your baby will suck everything. Check for sharp edges or things that could choke.

CUIDADO DE INFANTE

AQUÍ HAY UNA ACTIVIDAD QUE PUEDE HACER CON SU NIÑO

Ollas y sartenes

(Para empezar, vea la lista de objetos de abajo.)

Hay muchas cosas en la cocina con las cuales puede jugar su bebé.

"¿Qué encontraste?"

¿QUÉ NECESITO PARA EMPEZAR?

- Separe una repisa baja.
- Ponga aldabillas a prueba de niños en otros gabinetes.
- Empiece con unos cuantos objetos. Más tarde puede agregar más.
- Use cosas de la cocina que no sean peligrosas—tazones de plástico, tazas, vasos de plástico, sartenes y ollas ligeras, cucharas.

¿POR QUÉ ES IMPORTANTE PARA MI NIÑO?

- Ayuda a que funcionen juntos las manos y los ojos.
- Ayuda al niño a entender como funcionan diferentes cosas.
- Permite al niño a imitar a los adultos.
- Ayuda al niño a entender como se utilizan diferentes cosas.

Todos los objetos son nuevos para su nuevo bebé. Le gustarán muchas cosas.

"¡Encontraste los tazones de plástico!"

¿QUÉ OTRAS ACTIVIDADES HAY SEMEJANTES A ÉSTA?

- Permita que su niño le observe cocinando, usando la aspiradora, limpiando, haciendo muchas actividades diferentes.
- Hable de lo que está haciendo. Esto le ayuda al niño poner palabras a sus acciones.
- Como va creciendo el niño, puede ayudarle en modos pequeños:
    - poner cosas en la mesa
    - mezclar algo en una olla
    - limpiar
    - poner la mesa
    - vestirse
    - trabajar del jardín
- Pregúntese:
    - ¿Qué cosas puede hacer a mi lado mi niño que no sean peligrosas?
    - ¿Qué puede hacer mi niño para ayudarme?
- Al principio el niño estará contento solamente observando a usted. Más adelante copiará sus acciones. Y luego va a querer hacer parte de la actividad. Más tarde querrá más.

Su bebé chupará todo. Asegúrese que no haya bordes afilados o cosas en que se pueda asfixiar su bebé.

Esta hoja forma parte de una serie sobre

CUIDADO DE INFANTE

desarrollada por Washburn Child Guidance Center, mediante una donación de la iniciativa de la comunidad, Success by 6,® del United Way of Minneapolis Area.

Asuntos cotidianos ©1997 AGS® American Guidance Service, Inc. Circle Pines, MN 55014-1796

Se permite reproducir esta actividad.

INFANT CARE

HERE'S AN ACTIVITY TO DO WITH YOUR CHILD

Water play

(To get started, see materials list below.)

1

Splashing in water can be fun.

2

Water can also be soothing.

3

Water play can be part of bath time.

WHAT DO I NEED TO GET STARTED?

- water
- tub
- pail or bucket
- faucet
- sink
- pool
- baby bathtub
- cups for pouring
- bubbles
- food coloring
- water toys
- kitchen utensils
- spoons, straws
- sponges
- washcloth
- soap

Note: *Adult needs to watch activity to keep child safe.*

WHY IS THIS IMPORTANT FOR MY CHILD?

- Has a relaxing effect and relieves tension.
- There is no "right" way to do it.
- Holds child's attention.
- Helps child with problem solving.
- Helps child learn to play with others.
- Anybody can do something with water.
- Is a good activity when you need to talk to child.

WHAT ARE SOME OTHER ACTIVITIES LIKE THIS?

- Play with other things that your child can dump, pour, and mess around in.
    - Play with sand.
    - Play with Play-Doh.
- Pour.
- Wash things (dolls, clothes).
- Wash self.
- Paint with brush and water on sidewalk.

This sheet is part of a series on
INFANT CARE
developed by Washburn Child Guidance Center under a grant from the United Way of Minneapolis Area's Success By 6® community initiative.
EveryDay Matters ©1997 AGS® American Guidance Service, Inc.
Permission is granted to reproduce this activity.

CUIDADO DE INFANTE

AQUÍ HAY UNA ACTIVIDAD QUE PUEDE HACER CON SU NIÑO

Jugando con el agua

(Para comenzar, vea la lista de materiales de abajo.)

1

Puede ser divertido chapotear el agua.

¿QUÉ NECESITO PARA EMPEZAR?

- agua
- burbujas
- tina
- colorante para comestibles
- cubeta
- juguetes para el agua
- grifo
- utensilios de cocina
- lavabo
- cucharas, popotes
- piscina
- esponjas
- tina de bebé
- toallita para cara
- tazas
- jabón

NOTA: *El adulto necesita estar vigilante para asegurar que no hay riesgos para el niño.*

2

¿Te sientes mejor?

El agua también puede ser calmante.

¿POR QUÉ ES IMPORTANTE PARA MI NIÑO?

- Tiene un efecto relajante. Alivia la tensión.
- No hay manera "correcta" de hacerlo.
- Capta la atención del niño.
- Ayuda al niño a resolver problemas.
- Ayuda al niño a aprender a jugar con otros.
- Cualquiera puede hacer algo con agua.
- Es buena actividad cuando necesita hablar con el niño.

¿QUÉ OTRAS ACTIVIDADES HAY SEMEJANTES A ÉSTA?

- Jugar con otras cosas que pueden tirarse, vertirse.
  - Jugar con arena.
  - Jugar con Play-Doh.
- Derramar.
- Lavar cosas (muñecas, ropa.
- Lavarse a sí mismo.
- Jugar con pincel y agua en la banqueta.

3

¡Mira como el agua chapotea!

El agua puede formar parte de bañar al bebé.

Esta hoja forma parte de una serie sobre

CUIDADO DE INFANTE

desarrollada por Washburn Child Guidance Center, mediante una donación de la iniciativa de la comunidad, Success by 6,® del United Way of Minneapolis Area.

Asuntos cotidianos ©1997 AGS® American Guidance Service, Inc. Circle Pines, MN 55014-1796

Se permite reproducir esta actividad.

INFANT CARE

HERE'S AN ACTIVITY TO DO WITH YOUR CHILD

Mirrors

(To get started, see materials list below.)

1 Babies like mirrors.

2 Hold mirror about 7 inches from baby.
"Who do you see?"

3 Play peek-a-boo. *"Where did baby go?"*

WHAT DO I NEED TO GET STARTED?

- mirror

WHY IS THIS IMPORTANT FOR MY CHILD?

- Helps child learn about self.
- Helps child learn words for body parts and differences in skin color, hair, eyes, clothes.
- Helps child learn about feelings like happy or sad.

WHAT ARE SOME OTHER ACTIVITIES LIKE THIS?

- Make expressions in the mirror.
- Name body parts.
    "Touch your nose."
    "Where is your ear?"
- Show differences in your face and your child's face.
- Show other things in mirror. See how things look in mirror.
- Find other mirrors such as in stores.
- Fasten nonbreakable mirror in your child's room.
- Mirror gives your child a safe face for comfort.

This sheet is part of a series on
INFANT CARE
developed by Washburn Child Guidance Center under a grant from the United Way of Minneapolis Area's Success By 6® community initiative.
EveryDay Matters ©1997 AGS® American Guidance Service, Inc.
Permission is granted to reproduce this activity.

CUIDADO DE INFANTE

AQUÍ HAY UNA ACTIVIDAD QUE PUEDE HACER CON SU NIÑO

Espejos

(Para comenzar, vea la lista de materiales de abajo)

1

A los bebés les gustan los espejos.

¿QUÉ NECESITO PARA EMPEZAR?

- un espejo

¿POR QUÉ ES IMORTANTE PARA MI NIÑO?

- Ayuda al niño a aprender de sí mismo.
- Ayuda al niño a aprender palabras para varias partes del cuerpo y las diferencias en el color de la piel, cabello, ojos, ropa.
- Ayuda al niño a aprender de sentimientos como feliz o triste.

2

Mantenga el espejo unas 7 pulgadas de su bebé.
"¿A quién ves?"

¿QUÉ OTRAS ACTIVIDADES HAY SEMEJANTES A ÉSTA?

- Haga gestos con la cara en el espejo.
- Denomine las partes del cuerpo.
    "Toca la nariz."
    "¿Dónde está tu oreja?"
- Demuestre las diferencias entre su cara y la del niño.
- Señale otros objetos en el espejo. Observe como se ven los objetos en el espejo.
- Encuentre otros espejos como en las tiendas.
- Ponga un espejo irrompible en la habitación de su niño.
- El espejo le da al niño una cara segura para confortarle.

Juegue a esconderse detrás del espejo y luego aparecerse súbitamente frente al niño.

Esta hoja forma parte de una serie sobre
CUIDADO DE INFANTE
desarrollada por Washburn Child Guidance Center, mediante una donación de la iniciativa de la comunidad, Success by 6,® del United Way of Minneapolis Area.

Asuntos cotidianos ©1997 AGS® American Guidance Service, Inc. Circle Pines, MN 55014-1796

Se permite reproducir esta actividad.

INFANT CARE

HERE'S AN ACTIVITY TO DO WITH YOUR CHILD

Moving about

1

To learn to crawl, your baby needs a safe floor and a grown-up's watchful eye.

2

Part of crawling is wanting to touch things. Find safe things for your baby to reach.

3

Crawling is work. Expect your child to get dirty.

WHY IS THIS IMPORTANT FOR MY CHILD?

- Helps strengthen child's muscles.
- Helps child get ready for walking.
- Helps child get to where he/she wants to be.
- Helps child learn to be independent.
- Helps child begin to be more like grown-up.

WHAT ARE SOME OTHER ACTIVITIES LIKE THIS?

- Put your child down in different positions:
    - sitting to crawling
    - crawling to sitting
    - lying on back or on stomach
- Put a towel or blanket on floor for your baby to crawl on.
- Let your baby crawl on grass.
- Set out things for your baby to crawl to.
- Set out things for your baby to crawl around.
- Move away a little and ask your baby to crawl to you.
- Talk to your baby about his/her moving about.
    "You are wiggling your leg."
- Praise your baby.
    "You reached the doll!"
- Check your rooms for safety.

This sheet is part of a series on
INFANT CARE
developed by Washburn Child Guidance Center under a grant from the United Way of Minneapolis Area's Success By 6® community initiative.
EveryDay Matters ©1997 AGS® American Guidance Service, Inc.
Permission is granted to reproduce this activity.

CUIDADO DE INFANTE

AQUÍ HAY UNA ACTIVIDAD QUE PUEDE HACER CON SU NIÑO

Moviéndose de acá para allá

1 Para aprender a gatear, el bebé necesita un piso seguro y la vigilancia de un adulto.

2 *¿Puedes gatear para acá?*
Cuando el bebé gatea, quiere tocar objetos. Encuentre cosas seguras que pueda alcanzar.

3 *Esfuerzas mucho para gatear*
El gatear es trabajo. Cuenta con que su bebé se ensucie.

¿POR QUÉ ES IMPORTANTE PARA MI NIÑO?
- Ayuda a fortalecer los músculos.
- Ayuda al niño a prepararse para caminar.
- Ayuda al niño a llegar a donde quiere ir.
- Ayuda al niño a ser independiente.
- Ayuda al niño a empezar a ser más como un adulto.

¿QUÉ OTRAS ACTIVIDADES HAY SEMEJANTES A ÉSTA?
- Ponga el niño en diferentes posiciones:
    - sentado para gatear
    - gateando para sentar
    - acostado en su espalda o en su estómago
- Ponga una toalla o cobija en el piso para que gatée el bebé.
- Permita que el bebé gatée sobre la grama.
- Coloque objetos para que el bebé los alcance gateando.
- Coloque objetos para que el bebé los rodée gateando.
- Aléjese y pídale a su bebé que gatée hacia usted.
- Hable con su bebé de moverse de acá para allá.
    "Estás moviendo la pierna."
- Alabe a su bebé.
    "¡Alcanzaste la muñeca!"
- Revise la seguridad de cada habitación.

Esta hoja forma parte de una serie sobre
CUIDADO DE INFANTE
desarrollada por Washburn Child Guidance Center, mediante una donación de la iniciativa de la comunidad, Success by 6,® del United Way of Minneapolis Area.

Asuntos cotidianos ©1997 AGS® American Guidance Service, Inc. Circle Pines, MN 55014-1796

Se permite reproducir esta actividad.

INFANT CARE

HERE'S AN ACTIVITY TO DO WITH YOUR CHILD

Learning to learn

1 Your baby loves to see and do new things.

2 Praise his/her interest in new things.

"Oh, look, you found the cat's water! Let me put that up here."

3 But keep it safe.

WHY IS THIS IMPORTANT FOR MY CHILD?

- Helps child learn by doing, by feeling.
- Helps child learn what things look like, feel like, the names of things.
- Helps child learn to use his/her eyes, hands, other muscles together.
- Helps child learn what he/she can do and can't do by trying new things.
- Helps child learn to like himself/herself and have a feeling of making things happen.
- Gives child a first step in getting ready for school.

WHAT ARE SOME OTHER ACTIVITIES LIKE THIS?

- Name things around your child.
- Name actions your child uses.
- Change things your child can see and use.
- Pick your child up so he/she sees things at different levels.
- Bring your child to different rooms or outside so he/she sees a lot of different things.
- Talk about what your child sees.
- Put up mobiles or other moving things.
- Give your child things to touch and move.
- As your child learns to crawl, put things out of reach so he/she can crawl to them.
- As your child gets older, give him/her things to dump, put together, take apart, put in/out.

This sheet is part of a series on
INFANT CARE
developed by Washburn Child Guidance Center under a grant from the United Way of Minneapolis Area's Success By 6® community initiative.
EveryDay Matters ©1997 AGS® American Guidance Service, Inc.
Permission is granted to reproduce this activity.

CUIDADO DE INFANTE

AQUÍ HAY UNA ACTIVIDAD QUE PUEDE HACER CON SU NIÑO

Aprendiendo como aprender

Al bebé le gusta mucho ver y hacer cosas nuevas.

Alabe a su bebé por el interés que muestra en cosas nuevas.

"¡Oh, mira, encontraste el agua del gato! Déjame ponerlo acá arriba."

Pero manténgalo seguro.

¿POR QUÉ ES IMPORTANTE PARA MI NIÑO?

- El niño aprende por hacer y por tocar.
- El niño necesita aprender como se ven diferentes cosas, como se sienten, y como se llaman.
- El niño aprende a usar sus ojos, sus manos y otros músculos en conjunto.
- En probar cosas nuevas, el niño aprende lo que sí puede y lo que no puede hacer.
- El niño aprende a amarse y a tener el sentido que el puede hacer que ocurra algo.
- Es un primer paso en prepararse para la escuela.

¿QUÉ OTRAS ACTIVIDADES HAY SEMEJANTES A ÉSTA?

- Ponga nombres a las cosas alrededor del niño.
- Ponga nombre a las acciones hechas por el niño.
- Cambie las cosas que su niño puede ver y utilizar.
- Levante al niño para que pueda ver objetos a diferentes niveles.
- Lleve al niño a diferentes habitaciones o para afuera, para que vea muchas cosas diferentes.
- Háblele al niño de lo que ve.
- Instale un móvil u otras cosas que se mueven.
- Déle al niño objetos que puede tocar y mover.
- Como vaya aprendiendo a gatear el niño, ponga cosas fuera de su alcance para que tenga que gatear hacia ellas.
- Cuando va creciendo el niño, déle cosas que pueda tirar, armar, desarmar, poner adentro/afuera de algo.

Esta hoja forma parte de una serie sobre
CUIDADO DE INFANTE
desarrollada por Washburn Child Guidance Center, mediante una donación de la iniciativa de la comunidad, Success by 6,® del United Way of Minneapolis Area.

Asuntos cotidianos ©1997 AGS® American Guidance Service, Inc. Circle Pines, MN 55014-1796

Se permite reproducir esta actividad.

INFANT CARE

HERE'S AN ACTIVITY TO DO WITH YOUR CHILD

Watching

1 Your baby likes to see what is going on.

2 Looking outside can be a new world for your baby.

3 Your work can be her/his play.

WHY IS THIS IMPORTANT FOR MY CHILD?

- Helps child learn about everything.
- Helps child focus attention on things.
- Helps child begin to learn words.
- Helps child learn:
    - how people use things
    - how people act toward other people
    - what people do to make things happen
    - things that help people feel good

WHAT ARE SOME OTHER ACTIVITIES LIKE THIS?

- Talk about things.
    "This is a picture."
- Talk about what things do.
    "The phone is ringing."
- Ask your child to look for things.
    "Find the cat."
- Ask your child to tell about what he/she sees.
- Point out new things to your child.
- Each child is different. One will look at things for a long time—another for a short time. Differences are OK.
- Talk about your feelings. Your child is watching those, too.

This sheet is part of a series on
INFANT CARE
developed by Washburn Child Guidance Center under a grant from the United Way of Minneapolis Area's Success By 6® community initiative.
EveryDay Matters ©1997 AGS® American Guidance Service, Inc.
Permission is granted to reproduce this activity.

CUIDADO DE INFANTE

AQUÍ HAY UNA ACTIVIDAD QUE PUEDE HACER CON SU NIÑO

Observando

1

Al bebé le gusta mucho ver lo que está pasando.

2

Mirando afuera puede ser un nuevo mundo para su bebé.

3

Te gusta jugar con la ropa lavada.

Lo que usted considera como trabajo el bebé lo puede ver como juego.

¿POR QUÉ ES IMPORTANTE PARA MI NIÑO?

- Ayuda al niño a aprender de todo.
- Ayuda al niño a enfocar su atención sobre objetos.
- Ayuda al niño a comenzar a aprender palabras.
- Ayuda al niño a aprender:
    - cómo se comporta la gente con otros
    - como la gente usa cosas
    - lo que la gente hace para hacer ocurrir algo
    - cosas que hacen sentir bien a la gente

¿QUÉ OTRAS ACTIVIDADES HAY SEMEJANTES A ÉSTA?

- Hable de cosas.
    "Esto es un retrato."
- Hable de lo que hacen diferentes cosas.
    "Está sonando el teléfono."
- Pídale al niño que busque cosas.
    "Encuentra al gato."
- Pídale al niño que le cuente a usted sobre lo que observa.
- Señale cosas nuevas a su niño.
- Cada niño es diferente. Uno observará algo por un largo tiempo, otro lo hará por un tiempo corto. Están bien las diferencias.
- Hable de sus sentimientos. Su niño está observándolos también.

Esta hoja forma parte de una serie sobre
CUIDADO DE INFANTE
desarrollada por Washburn Child Guidance Center, mediante una donación de la iniciativa de la comunidad, Success by 6,® del United Way of Minneapolis Area.

Asuntos cotidianos ©1997 AGS® American Guidance Service, Inc. Circle Pines, MN 55014-1796

Se permite reproducir esta actividad.

INFANT CARE

HERE'S AN ACTIVITY TO DO WITH YOUR CHILD

Childproofing

(To get started, see materials list below.)

1

Your baby has a need to be safe from things that will harm him/her.

2

Your baby's need for safety changes as he/she grows older.

3

Check for safety regularly.

WHAT DO I NEED TO GET STARTED?

Go from room to room to check for safety of:

- small things your baby might put in mouth or eye
- sharp corners
- things your baby could pull down
- cords, outlets
- cabinets that open
- stairs
- pills
- matches
- cigarette butts
- irons
- coffeepots
- chemicals your baby might drink
- cleaning solutions
- pots on stove
- stove knobs
- water—hot water, tubs
- coffee in cup
- toilets
- curling irons
- soap
- fireplace
- other sources of heat

Note: *Child needs watching all the time when he/she is awake.*

WHY IS THIS IMPORTANT FOR MY CHILD?

- Child needs to explore things to learn and grow, but he/she can't tell what is safe and what is not.
- Child likes new things and things that he/she sees grown-ups using. He/she doesn't know what can hurt her/him.

WHERE CAN I GET MORE INFORMATION ABOUT THIS?

- City or county health department
- Red Cross
- Poison Control Center
- Your doctor

This sheet is part of a series on
INFANT CARE
developed by Washburn Child Guidance Center under a grant from the United Way of Minneapolis Area's Success By 6® community initiative.
EveryDay Matters ©1997 AGS® American Guidance Service, Inc.
Permission is granted to reproduce this activity.

CUIDADO DE INFANTE

AQUÍ HAY UNA ACTIVIDAD QUE PUEDE HACER CON SU NIÑO

A prueba de niños

(Para comenzar, vea la lista de materiales de abajo.)

1

Su bebé necesita estar a salvo de las cosas que le pueden causar daño.

2

Al crecer su bebé, cambia la necesidad para la seguridad.

3

Revise su casa para ver que todo esté sin riesgo para su bebé.

¿QUÉ NECESITO PARA EMPEZAR?

Vaya de habitación a habitación para revisar la seguridad de:

- cosas pequeñas que el bebé puede meterse en la boca o en el ojo
- esquinas agudas
- objetos que su bebé puede jalarse encima
- cables y enchufes
- gabinetes que abren
- escaleras
- pastillas
- cerillos
- cigarros
- planchas
- cafeteras
- substancias químicas que se pueden tomar
- substancias para limpiar
- ollas sobre la estufa
- agua—agua caliente, agua en la tina
- café dentro de una taza
- inodoros
- secadoras de cabello
- jabón
- chimenea
- otras fuentes de calor

NOTA: Tiene que cuidar a su niño a cada momento que esté despierto.

¿POR QUÉ ES IMPORTANTE PARA MI NIÑO?

- Su niño necesita explorar para aprender y crecer, pero el niño no puede saber lo que es seguro y lo que tiene riesgo.
- Al niño le gustan las cosas nuevas y las que ve usar a los adultos. No sabe lo que le puede hacer daño.

¿DÓNDE PUEDO CONSEGUIR MÁS INFORMACIÓN SOBRE ESTE TEMA?

- Departamento de Salud de la ciudad o el condado
- Cruz Roja
- Centro para el Control de Substancias Venenosas
- Su médico

Esta hoja forma parte de una serie sobre

CUIDADO DE INFANTE

desarrollada por Washburn Child Guidance Center, mediante una donación de la iniciativa de la comunidad, Success by 6,® del United Way of Minneapolis Area.

Asuntos cotidianos ©1997 AGS® American Guidance Service, Inc. Circle Pines, MN 55014-1796

Se permite reproducir esta actividad.

INFANT CARE

HERE'S AN ACTIVITY TO DO WITH YOUR CHILD

Hide and seek

(To get started, see materials list below.)

Cover your face or a toy your baby likes.

"Where did Mama go?"

"There she is!"

WHAT DO I NEED TO GET STARTED?

- face
- two hands
- a cover—fabric scrap or blanket

WHY IS THIS IMPORTANT FOR MY CHILD?

- Helps child learn that what he/she doesn't see is still there.
- Helps child learn security—that things he/she cares about will not go away.
- Helps child learn to play with others.

WHAT ARE SOME OTHER ACTIVITIES LIKE THIS?

- Some babies like to hide; others do not. Learn your baby's likes and dislikes.
- Hide something close to your baby. Help him/her find it.
- Later hide things farther away.
- Talk about what you are doing.
    "The bear went away."
    "There it is!"
- Practice being apart from your child. Tell him/her you are going to another room. Call to your child. Return shortly.
    "Mama went away and she came back again!"
- When really leaving your child for a time, tell him/her that you are leaving. Let him/her know you will be back. It may feel easier to just sneak away, but that is harder on your child and on the person you are leaving him/her with.

This sheet is part of a series on
INFANT CARE
developed by Washburn Child Guidance Center under a grant from the United Way of Minneapolis Area's Success By 6® community initiative.
EveryDay Matters ©1997 AGS® American Guidance Service, Inc.
Permission is granted to reproduce this activity.

CUIDADO DE INFANTE

AQUÍ HAY UNA ACTIVIDAD QUE PUEDE HACER CON SU NIÑO

Escondidas

(Para empezar, vea la lista de abajo.)

1 Cúbrese la cara o un juguete que le guste a su bebé.

¿QUÉ NECESITO PARA EMPEZAR?
- su cara
- dos manos
- algo para cubrir—tela o cobija

¿POR QUÉ ES IMPORTANTE PARA MI NIÑO?
- Ayuda al niño a aprender que lo que no puede ver todavía existe.
- Ayuda al niño a aprender a sentirse seguro—que las cosas que le importan no se van a ir.
- Ayuda al niño a aprender a jugar con otros.

2 "¿A dónde se fue mamá?"

¿QUÉ OTRAS ACTIVIDADES HAY SEMEJANTES A ÉSTA?
- A algunos bebés les gusta esconderse, a otros no. Aprenda lo que le gusta y lo que no le gusta a su bebé.
- Esconda algo cerca de su bebé. Ayude al bebé encontrarlo.
- Luego esconda algo a más distancia.
- Hable de lo que está haciendo.
    "Se marchó el oso."
    "¡Allí está!
- Practique estar lejos de su bebé. Dígale al bebé que usted se va a otra habitación. Llame al bebé. Regrese pronto.
    "¡Mamá se fue y luego regresó!"
- Cuando en realidad tiene que dejar a su bebé, dígale que se va a ir. Dígale cuando va a regresar. Puede ser más fácil irse a escondidas, pero es más difícil para su bebé y para la persona que lo va a cuidar.

3 "¡Aquí está!"

Esta hoja forma parte de una serie sobre
CUIDADO DE INFANTE
desarrollada por Washburn Child Guidance Center, mediante una donación de la iniciativa de la comunidad, Success by 6,® del United Way of Minneapolis Area.

Asuntos cotidianos ©1997 AGS® American Guidance Service, Inc. Circle Pines, MN 55014-1796

Se permite reproducir esta actividad.